喋《しゃべ》らなければ負《ま》けだよ

古舘伊知郎

青春新書
INTELLIGENCE

はじめに、の前に――二〇一六

本書が世に出たのは一九九〇年の初頭。私は三十代中盤だった。

改訂版はその十二年後。そして再改訂版の依頼を受けた今、とうに還暦を過ぎる年になってしまった。

正直、三十年前の私を二度ならず三度も晒《さら》すことは多少の戸惑いがあった。だが、「三十にして立つ、四十にして惑わず、五十にして天命を知る、六十にして耳順《したが》う」と言うじゃないか。六十ともなれば他人の言葉に素直に耳を傾けることができるようになるものだ。

青春出版社に心から感謝したい。

さて――。

再改訂版のために本書を再読するということは、私としては気恥ずかしさと向き合う旅であり、記憶というメガバンクに幼い頃からコツコツと貯めてきた言葉の預金通帳をそっと開いて見るようなものでもあった。

若さゆえの断定、暴走、総じて不埒《ふらち》さといったものに懐かしささえ覚えつつ、私の喋りの原点は元本割れしておらず、今とほとんど変わっていない。

それは常に言葉の常識を疑い、言葉で世に出て、言葉で遊べ、という点だ。

興味のある方は是非、ご一読願いたい。否定するも肯定するもどちらでも構わない。

放送法なき喋りの世界へようこそ。

はじめに――一九九〇

ひと時代前ならいざ知らず、筋力、財力、学力、容姿の力で勝負したのは過去の話。現代の武器といえば、一にも二にも舌先一本！　交際術、処世術、恋愛術……と、どれを取っても、おしゃべりのテクニックなしでは成り立たないものばかり。今や、おしゃべりイコール幸福への近道なのだ。

にもかかわらず、なぜかこの大切なジャンルに限っては、義務教育でもちゃんと教えてくれたためしがない。

「だからサァ、そういう話術は実社会に出て勉強するしかないんだよ」とある人は言う。

でも現実はどうだろう。

実はボクも学生時代には話し方のセミナーにも通ったし、話し方教室の本もいっぱい読んだ。だが、そんなものは何の役にも立ちやしなかった。テレビ局に入社してプロのアナウンサーになったあとも、実際の〝話術〟は、テレビカメラに向かっての礼儀正しい話し方とは全く別物だということを思い知らされた。

「正しい日本語表現」なんてコヤシにもならない。ましてや、話し方の常識として必ず出てくる「テクニックに走らず心で話しなさい」なんて能書きは、まさしく問題外の嘘八百。

「話術とは人間性なり」は、たしかに聞こえはいいけれど、今の世の中「つき合い始めのうちはわからないものだが、何年か経てば…」なんて言ってるうちに人間関係はチョン。そこはシビアではかない競争社会。もっと現実を直視すれば、「あいつとは深くつき合ってはいないが、何かインパクトがあって面白そうなやつ」と思われたほうが、ずっとずっと得ではないか！

この本では、そうした前提のもと、ずばり話術による自己アピールの実践テクニックのみを網羅したつもりだ。

ボクとて何も偉そうなことは言えないが、たまたま喋りでメシを食わせてもらう職業についたがゆえに、否応なしに日夜考えて暮らしている。こんな男の戯言《ざれごと》も多少の参考になればと、あえて恥を承知で取りくんだ次第だ。

繰り返すが、ここにあるのは理想でもキレイゴトでもない。ただひたすら実践でのノウハウのみにこだわった、まさに表層的で刹那的《せつなてき》、花よりダンゴの〝新・話し方教室〟だ。その分、効果のほども劇薬なみと自負しているが、ただし使用上の注意書きなど一切記載していない。テクニックを使用するうえでの「心」の問題に関しては、あくまでもあなた自身の領域だと思うからだ。

まずは、騙されたと思って御服用下さい。

古舘伊知郎

『喋らなければ負けだよ』目次

Chapter 1

自分の特徴どこまで掴んでいますか

Chapter 2

一を言って十が伝わる会話 相手が自分を失い、のみ込まれてしまう会話術

Chapter
3
〝一回会っただけで大親友になる
アクション・トーク〟

Chapter
4
自分を好きにさせる
〝口説き〟の面白アクション

Chapter 5

自分を出したいときはこの自己主張をやれば必ず勝つ

Chapter 6
いまを100倍面白く生きてみよう おしゃべり人間に変わり出すとき

協力／古舘プロジェクト
本文デザイン／新田由起子（ムーブ）
ＤＴＰ／エヌケイクルー

Chapter 1

自分の特徴
どこまで掴んでいますか

のらりくらり人間になろう

『オシャレ30・30』（後に『おしゃれカンケイ』）というトーク番組をレギュラーでやっていた。そこでボクは改めて会話の駆け引きというか、微妙なやりとりに気をつかうことを学んだ。毎回個性的かつ一筋縄でいかない男優、女優、スポーツアスリート等が相手ゆえに、それなりに苦労もあるし、また発見もある。

たとえば江川卓さんのケース。無口ではないが、話の核心になると、例のとぼけた口調でうまく話をぼかしてしまうのでやりにくかった。

古舘「江川さん、奥さんと初めて会ったときの印象は？」
江川「昔のことだから忘れてしまいましたよ」
古舘「どこに魅力を感じられたんですか？」
江川「魅力なんて別にないですよ、今も」

あの手この手で迫っても、決まってこんな調子ですり抜けられてしまう。そのときは、事前にスタッフが新聞や週刊誌などから『江川は夫婦ゲンカで一度だけ奥さんに手を出したことがある』という情報を調べあげていたから、何とか本人の口からその話を聞き出したかった。ところが万事この調子でのらりくらりと逃げられる。これでは視聴者も納得しないしボクも面子《メンツ》が立たない。そこでボクは苦しまぎれにこう言ってみた。

古舘「江川さん、僕は女房とケンカしちゃったら、その後のフォローはやはりSEXですよ」

江川「(警戒した表情で)あのですネ、いろいろなところで僕が女房を殴るなんてめちゃくちゃ大げさに書かれてますけど、そういうことに関してどうのこうの言われても……」

古舘「ボクにSEXとまで言わせておいて逃げる気ですか。女房はそういうことをTVで言うのを一番いやがるんです。そりゃそうです。あえて私はそれを言った。もう一度言います。うちの場合は、ズバリ、SEXです」

すると急に江川さんは笑い出し、うちとけた表情でこう語ってくれた。

「もちろん手加減していますが、1回だけ殴っちゃったことあります。でも女房も負けてません。一度オレンジをぶつけたことがあります」

この場合、人間の心理として、うちはSEXではないと否定したいがために、無意識にその前段のケンカ話をスラスラ喋り始めたという例だ。

このとき思ったのは、普通に質問しても相手が喋ってくれそうにないときは、自分のほうから真っ裸になって、情けない部分や恥ずかしい部分を先に出せばいいのではないかということだった。

白白しくてもいいから（気になさらなくて結構です。勝手にボクが喋ってるだけです。ボクにはこんな弱みがあるんですよ）と自己犠牲の精神でトライしてみる。それでも相手が逃げようとしたときに初めて（別に答えて下さいという目的で自分の恥を打ち明けたわけじゃないですよ。ただ、こっちもここまでさらけ出した以上は……）とやんわりと突っつくと、向こうも多少うしろめたさを感じて折れてくれる。心理的なギブ・アンド・テイクが働いて、うまくいく。まさか「関係ないよ、あんたが恥ずかしい思いをしようがしまいが。オレはあんたなんかより数段偉い人間だから」とは、さすがに言いづらくなるのが人情の機微だからだ。

もしこれが普通に質問しただけなら、五分と五分にならないから、相手は積極的に答えてくれなかったはずで、先に自分から何かを差し出すからこそ、お返しをしてやらなくては、と向こうも心を開いてくれるのだ。よく、おごられ上手なやつっているけど、それは先に自分からおごるやつで、一軒めの焼き鳥屋では「いや、ここは私にもたせて下さい」と勘定を払う。すると、二軒め三軒めの高いクラブは全部相手が出してくれるケースがある。それと同じで、質問だけしてハイ答えて下さいというのでは、「お腹すいてるから、あなた御飯食べさせてよ」と図々しく頼んでることと変わらない。相手の懐に飛びこもうとしたときは、手ぶらで行ってはいけないわけで、必ず自分から先にお中元やお歳暮を渡すことが必要なのだ。

ところが、よくカンちがいしてしまう例は、先に自分の得意なことがらや自慢話をしてしまうパターン。

(私なんかもこういうところをこんなふうに頑張ってるんですよ。そちらはどうですか?)

なんて恥ずかし気もなく切り出すと、相手は、

(悪かったな、こっちにはオマエみたいな自慢話なんかないよ。もういいから放っといて

くれ）と逆効果でふてくされてしまうだけ。こんなお中元では意味がない。

自慢話ではなく、自分の欠点や弱点をみずからあげつらうことで、初めて相手は無防備になって本心を明かしてくれるのだ。

お世辞上手、お世辞下手

トーク番組でのもう一つの苦労は、やはりゲストを立てるというか、盛り上げてイイ気持ちになってもらうこと。機嫌が悪いのに面白い話をしてくれる人間なんていないし、面白い話の出ないトーク番組なんてそれこそどうしようもないから、それは必死で乗せようとする。

ところが人を誉めるというのは想像以上に難しい。たとえば、

「プロ野球選手の○○さん、この間のＭＶＰおめでとうございました」

とか、

「○○音楽祭受賞の○○さん、歌い手として本当に素晴らしかったですよ」

と、ストレートに誉めるだけでは、あまり効果がないのである。

（ふん、そんなの聞き飽きたし今さら改まって言われてもうれしくないわ）

（どーせ、社交辞令でしょう）

別に酒場で談笑しているわけでもないし、お互い仕事つまり商談と同じくビジネス感覚でトークするのだという状況はわかってるので、相手によっては、そんな風にとられることがある。特に女優や俳優系ってのはしたたかだ。

（お仕事とはいえ、あなたも大変ね。そこまでして私を乗っけたいの？　どーせ、本心じゃないんでしょう）

と思われてしまうこともある。たしかにエンターテイメントのために無理やりヨイショしてるケースもあるだけに、最初にこちらの心理を見透かされるとあとあとやりづらくなってしまう。

そこでボクは苦労の末、やっと効果的な方法を見つけることができた。それは、ヨイショを言う前に、

「あなたがここにいるから言うんじゃないんです」

「本人を目の前にして言うのもいやだけど」

「今、こうして会ってるから言うんじゃないんです、本当に……」

と、クドクド注釈をつけること。するとゲストの反応が違ってくるのだ。

ヨイショの内容は何ら変わらないのに、こういう一言を添えるだけでそれまでガードの固かったゲストは（まあ、うれしい）と感激してくれる。少しひねくれた人でも、（何よそれ、本気で言ってるの？）と一瞬心を開いて好奇心を示したり、あるいは（毎週いろんな人にそのセリフ言ってるのかな？　変なホストね）と笑ってくれる。いずれにしても、ゲストは乗って積極的になってくれる。

さらに極端にひねくれたゲストだったら、（ここにいるから誉めるんじゃないって、もしかすると反対の意味で、いなくなったら悪口言ってやるってほのめかし？）と、心配になることによってその分、気をつかって積極的にいい話をしてくれることさえある。つまり、ストレートに相手を誉めることがかえって白白しいゴマすりととられそうなときは、逆にわざと白白しい前置きをすることによって中身のセリフを際立たせるという手法なのだ。

これは日常の場面でも使える。たとえば、会社の仲間と飲みに行って、ワイワイ盛りあがっているときに、

「課長はやっぱり素晴らしい」

なんて言っても、

「なんだよ、皮肉か」「酔った勢いで白白しいことを言うな」

で終わってしまうだろう。

ところがさっきの前置きをつけて、

「いや、課長がここにいるから言うわけじゃないけど」

とか、あるいはもっとトリッキーに、

「課長、本人の前でこんなこと言うのは失礼ですけど」

と逆にちょっと悪いニュアンスを先にぶつけておいてから、

「でも、やっぱり課長の仕事ぶりは素晴らしい」

と言うと、同じヨイショでも全然違うトーンになる。

それでも、まわりの人間からは、

「何だよ、突然ヨイショして」とか「よく言うよ」なんて茶々が入るかも知れないけど、何となくシャレッぽい文脈で言ってるから笑いが起きるし、イヤ味にならないのだ。で、言ったあと自分から小声で「あっ、失礼なこと言ってすみません」とはにかんで頭をかいて引き下がれば、思いがけない誉め言葉を食らった相手は、酔った頭の片隅に（そうか、こいつはオレのことを尊敬してくれてたのか）というボンヤリとしたいい印象が残る。

ものは試しで是非使用して欲しい。案外いけるテクニックである。
これとは対極で、ヨイショでなく悪口を吐くことによって相手をなだめる特殊なケースもある。

ゲスト「○○○なことがあって、私、大失敗しちゃったんですよ」
古舘「へぇー、そうですか。（と感心したあとで）馬鹿と呼んでもいいですか？（と本心を敬語で聞くと、なかなかよい）」

しかし、これは相手が芸能人で、しかも前提として、自分から進んで失敗談を明かして皆を喜ばせようとしている状況があって初めて成り立つケース。素人がうかつに真似をするととんでもない破目になる。
「へぇー、課長はそんな失敗をされたんですか。大馬鹿野郎ですね」
「なんだと貴様ーッ!!」

よくTV番組などでお笑いタレントが素人にひどいことを言って笑いをとるシーンがあ

るけど、あれは素人のほうもタレントが相手だからと心を許しているからで、日常会話でそれを真似したら、たちまちトラブルになってしまう。

万能薬「イイ意味で」

だけど、素人にも簡単に使えて、かつ険悪なムードを抑止する効果のあるフレーズがある。ボクの大のお気に入りフレーズの一つで、常日頃愛用している、「イイ意味で」という一言。コレを添えると悪口が悪口でなくなるから不思議だ。


「するとあなたはバカだったんですね、イイ意味で」

「イイ意味で生意気な小娘だったんですね」

「さっきからあなた、イイ意味で自慢話ばかり喋ってますよ」


こういう言い方をすると、自分自身も気楽にツッコミを入れられる。昔よく酒場でこのフレーズを使って朝まで遊んだことがあった。


「あいつって、冷たいやつだな、イイ意味で」

「そうそう。イイ意味でずるくて汚い」

「だけど、君だってイイ意味で世間知らずだ」

「そっちこそイイ意味で迷惑なやつだ」

「いや、オレの場合はイイ意味で反応が鈍いんだ」

「というよりイイ意味で中途半端なんだろ？」

「そうなんだ。イイ意味で根性がないんだ」

なんて調子で「イイ意味で」を付けると、間の抜けたニュアンスが生まれる。どうしてかと言えば、どれも悪口として使われる言葉の毒が中和され、その言葉の裏側を照射するからだ。

ずるくて汚いは、機を見るに敏。世間知らずは、裏返せば世間の垢《あか》にまみれていない。反応が鈍いは、流行に流されない。中途半端は、手広くあらゆるものにアンテナを張っている。根性なしは、体育会系バカじゃない。

「イイ意味で」のひとことが、悪口を誉め言葉に変えるが如き錯覚を生むのだ。

さらに発展形になると何でもかんでも「イイ意味で」を付けてみる。こんな言葉遊びが仲間内で流行ったことがある。

「ちょっとー、イイ意味でお勘定して」

「よし、イイ意味で今日はおまえのごちそうになろう」

「じゃ、イイ意味でもう一軒！」

なんてわけのわからないことを言い合いながら、千鳥足で歩いていたら、向こうにいたサラリーマンのグループが「おーい、田中～ッ、この店だよ」なんて大声を出していたもんだから、思わず皆で口をそろえて、

「イイ意味での田中だろ？」

と唱和してしまったというバカなエピソードはさておき、最後にこのフレーズが功を奏した実例を挙げてみる。

ゲストは野球の江夏豊さん。中学時代に意地の悪い先輩の仕打ちにたえかねて怒りを爆発させてしまったというエピソードが出たとき。

江夏「……それでこっちも冗談じゃない、コノ野郎とムカッときて……」

古舘「殴ったんですか？」

江夏「いや、殴ったっちゅうか、相手があまりにもむちゃくちゃするから」

古舘「**イイ意味で**殴ったんですね」

江夏「はい」

普段から無意味スレスレの言葉のゲームを楽しんでいると、意外なところで役に立つんだなァと改めて実感した。

とっておき「窮鼠《きゅうそ》の法則」

寝坊して会議に遅れてしまった。交通渋滞で重要な打ち合わせに遅刻してしまった。そんな絶体絶命のピンチに追いこまれたとき、あなたならどうしますか?

ボクが今まで見てきた中で、思わず絶妙だとうなってしまったのが笑福亭鶴瓶さんのエピソード。

かつて、鶴瓶さんとCMで共演したとき、撮影当日に鶴瓶さんが寝坊して飛行機に乗り遅れてしまった。何しろ、向こうは大阪で現場は東京。ということで、二時間以上待たされるハメになりスタッフはもうカンカン。全員頭から湯気を立てて怒りまくっている。

もしそこで彼が、例の噺家特有の口調で、「いやいや、飛行機のやつが遅れてしもたんですわ」なんて態度で入ってきたとしたら、その場にいた全員が「いい加減にしろ」と怒鳴ったかも知れない。かといって、緊張しながら「ごめんなさい」と入ってこられても、その程度の謝罪じゃ腹立ちはおさまりそうもない、といった最悪の状況だった。

そうこうして待つうち、突然ドーンと大音響がした。見ると鶴瓶さんがドアに体当たりして、部屋に転がりこんできている。まるで巨大なカナブンが障子を突き破って蛍光灯に衝突しそのまま引っくり返ったようなあわただしさで、鶴瓶さんがバランスを崩した中腰の体勢のままヨタヨタとこっちに向かってきた。そして、言葉にすらならない意味不明の言葉を必死でわめきながら、いきなり半開きの口元からツツーッとヨダレを垂らしたのだ。

部屋中のスタッフは一瞬、唖然としてしまった。一体、何事が起こったのかと、だれもが自分の目を疑った。が、ややあって状況がつかめてきた。

約束の時間に遅れてしまった罪の意識からか、それとも焦って舞い上がっていたからか、とにかく鶴瓶さんほどの喋り手であってもこの大変な局面にあっては、言葉が上ずって出てこない。必死で何かを喋ろうとするのだが何を言ってるのか皆目わからない。その「ウガウガ」という獣のようなウナリから、ただ謝りたい気持ちだけが強烈に伝わってくる。そういった状況が、彼の口元から垂れた一本の長いヨダレにすべて集約されていたのだ。

つい数分前まで、鶴瓶さんの遅刻を腹にすえかねていたスタッフも、そのヨダレを見るや思わず笑い出してしまって、「まあ、いいからいいから」とすごく和やかなムードに一転。明るく優しい空気の中、無事撮影は終了したというわけだった。

さて、この究極の成功例からあなたは何を学ぶべきか。

まさか、会社の会議に遅刻していって、いきなりヨダレを垂らすわけにもいかない。芸の世界で辛酸をなめてきた鶴瓶さんだからこそ、初めて可能な超ウルトラCなわけで、一般レベルで真似しようにも素人が太刀打ちできるわけもない。

しかし、重要なヒントが隠されている。それは、絶体絶命の事態を招いたときは、その張本人である自分自身が、まず大胆に取り乱したほうがいいということだ。

人間窮地に陥ったときは、誰でも自然に取り乱すだろうと、タカをくっているのは大間違い。実際には、窮地に陥ったときほど、人は冷静になろうと思うものだ。その典型が、声のトーン。「自分が悪うございました」と心から恐縮すればするほどに、人はつとめて低い声で申し開きをしようとする。これが、相手をムッとさせる。

よくあるでしょ。不祥事を起こした企業やタレントの謝罪記者会見。弁護士に相談して練りに練った言葉って、非の打ちどころがないはずなのに、なぜか心に響かない。

うつむいて暗いムードで、ボソボソと、

「本当に申し訳ありません」

と謝っても、怒りが煮えたぎってる相手には焼け石に水。「何が申し訳ありませんだ、このバカ!」と反感を買って逆効果になってしまう。普段のセオリーからすれば節度ある正統的なトーンであるはずなのに、相手の興奮のボルテージが上がってる危急の場面では「何だ、この大変なピンチに落ち着きやがって」と思いもよらぬ逆襲を浴びてしまうものなのだ。

このカラクリというか、上司の〝怒りの法則〟を認識しておかないと、手ひどいシッペ返しを食らう破目になる。

前書きにも書いたように、NHKのアナウンサー的な「心で喋れ」「的確な言葉を使え」というセオリーが信用できないのは、こういう実際的な応用例について、何一つフォローがないからだ。

自分は心から反省している。謝罪の意を伝えたいと思うので、せめて礼儀だけでもピシッと正そう。そう考えて、正統的なトーンで「すみません」と謝っても、相手はその真意を汲みとってはくれない。

(何がすみませんだ。すむ、すまないの問題じゃないんだ。この事態をどうしてくれるんだ⁉）と火に油を注ぐ結果になりかねない。

せめてもの申し開きをするのが罪人としての最低限のつとめと、いきさつを説明しようとしても、（おまえの事情なんか聞きたくもねーよ！）と取りつくシマもなくなってしまう。

あげくはよかれと思って選んだ硬い言葉づかいや、礼儀正しい姿勢までヤリ玉にあげられ、（こいつ、待たされたオレたちがこんなに取り乱してるってのに、終始落ち着いて紳士然としやがって。なんて高慢チキで生意気な野郎だ）という印象が、最後まで残ってしまうのだから、人間関係というのは本当にままならない。

だからこそ、緊急の場合の謝り方は、思いきり取り乱したほうがいい。

あらかじめ予防線を張ったような礼儀正しい所作振る舞いは避け、（パニック状態で自分でもどうしたらいいかわからない、錯乱しています）という大げさなまでの気持ちを、「すみません」の言葉に込める。

具体的なテクニックで言えば、

「すみませーん↖」

「申し訳ございませーん↖」

というふうに、語尾のイントネーションを上げるだけで、相手の怒りを鎮めるうえでは相当な効果がある。人間の生理として、同じ言葉でも尻上がりになったイントネーションのほうが、なぜか気持ちいいのだ。試しに頭の中で、自分が謝られる側の立場にいると想定して、遅れてきた人間が「すみませーん↑」と謝る状況を想定してみればよくわかる。「すみません↘」と語尾が下がる言い方と比較して、どちらが好感が持てるか、答えは明白なはず。

よく、動物の毛を撫でるとき、逆撫でをしてはいけないというが、人間の会話においても、生理的に快感を覚える一定の方向が決まっている。たとえばこの場合は「下から上へ」なのだが、それを間違えて「上から下へ」にすると、逆撫でと同じ現象になって生理的な嫌悪感を引き起こす。

〝人の気持ちを逆撫でする〟〝竜の逆鱗《げきりん》〟という言葉も、このことと無関係ではないように思う。

他に例を挙げれば、ケンカやトラブルのときに相手を威圧しようとすると、

「何だこのやろう↘」

と、イントネーションが「上から下へ」の方向になってる。基本的に「上から下」とい

うイントネーションは、上手投げ（オーバースロー）のピッチャーが投球モーションに入るときのように〝振りかぶった〟状態になっているわけで、これは大上段から錦の御旗を振りかざしつつ、相手を見下ろしているのと同じ図式になる。

だから、聞いてるほうは面白くない。

ところが、先にも説明したように、人間は緊張すればするほど、襟を正してキチンと筋を通そうと考えるので、

「本当に申し訳ございません↘」

と、振りかぶってしまう。それが無意識のうちに傲慢《ごうまん》な印象を与えてしまっていることに気づけば、非常事態も最小限のダメージで乗り切れるはず。

くれぐれも、謝るときは「すみませーん↖」の尻上がり調を忘れずに!!

土壇場を救うこの奇想天外言葉

謝りながらも自己主張することで相手をまるめこんでしまうことにかけては右に出る者がいないと思われるのは芳村真理さん。

言い訳や自己弁護を、風のような会話でくるむ。真理さんはすぐ遅刻する人で、『夜の

ヒットスタジオ』をやってるときも、一度四十分ぐらい待たされて、リハーサルができず、ディレクターはもうカンカン。そんなときでも真理さんはすらりとかわしてしまう。普通のタレントなら「遅刻して困るじゃないの」と文句を言われたら、もう平身低頭して謝るしかないが、真理さんほどの大御所ともなると、簡単に謝るのもプライドが許さない。かといって、やはり自分が悪いんだから怒ってるディレクターに対して「そういう言い方ないでしょ」なんて反発するわけにもいかない。そこで自己主張を風のような自然体で見事にくるんでみせるというか、曖昧さの言い訳テクニックはまさに天下一品だった。

「真理さん、いい加減にしてよ。大事な仕事なんだから」

に対して、真理さんは実にあっけらかんと「ごめんなさ〜い、もっと大事な仕事があったの」。

よく聞くととんでもないセリフで「じゃ、『夜ヒット』は大事な仕事じゃないのか」ってことになるんだけど、皆、笑ってしまう。

「じゃ、リハーサル始めようか」ってことになる。

この場合、アタマの「ごめんなさ〜い！」というのは風で、これで頬を撫でられたあとに「もっと大事な仕事があったの」と自己主張に切り替える。

ロンドンからの衛星生放送のときも、リハーサル時から皆がカリカリして、

「古舘さん、もっと時間まいてくれ」

「じゃ、次の司会部分は一分二十秒でまとめなきゃいけないの？」

「いや、できれば一分以内にまとめて下さい」

「おーい、オーケストラの準備は大丈夫なのか？」

と戦場まがいの騒々しさで出演者やスタッフ一同ストレスの極みに入ってるときに、いきなり真理さんが言った言葉は、

「みんな大丈夫よ、二時間番組でしょ。生放送なんだから、二時間経てばちゃんと終わるわよ」

そうか、と皆が救われた気分になった。（そうか、時間がくればコマーシャルも入って、上手くおさまるんだ。時間さえ経てばつつがなく終わる。二時間番組なんてそんなもんなんだ）と、全員一瞬にして納得。もちろんそれはまやかし以外の何ものでもなく、二時間内に番組がおさまりきれず歌の途中でコマーシャルが入って放送事故になる恐れもあるからこそ、皆は心配していたのだ。だけど、真理さんの意味不明の慰めを聞いたとたん、意味不明でもいい、ここはそのお気楽な言葉にすがろうと思った。真理さんはそういう風の

ような一言で、その場その場を和ませてきた人なのだ。

風のごとき自然体でその場を納得させてしまった真理さんには脱帽した。

土壇場で頼りになるイイ加減さってのは、このことなのかなーと、しばし絶句したボクである。

好印象が残る捨てゼリフ

印象的なたった一言で、最後にどんでん返しをやってのける。その一言で勝者と敗者が入れ替わり、善と悪が逆転し、惨劇がジョークにすり替わる。そういう捨てゼリフを言える人がいる。

この人こそ捨てゼリフの帝王、とボクが尊敬してやまないのが徳光和夫さんだ。タイプとしては、ボクなどとは正反対で、おしゃべりは人間性であるというオーソドックスなスタイルを地でいってる人だけど、当然そこには計算もあるわけで。でも計算を計算と見せない、見事に柔和でノホホンとしたイメージがある。

『ニューステーション』の頃の久米宏さんも、よく捨てゼリフの帝王と言われてたけど、あの人の場合は捨てゼリフというより、むしろ大々的な予告編。コマーシャルに入る寸前

のわずか、二、三秒の時間で、

「さあ、次はプロ野球です。あー、巨人負けてうれしかった」などと言う。人は捨てゼリフと取るかも知れないけど、ちゃんとCMあけの予告編になっている。近日公開、前売りは本日限り、千二百円でチケットをお求めの方にはキャラクター入り特製バッジをもれなく進呈いたします、と大々的にやってるようなわけで、これは捨てゼリフではなく、キチンと計算されたおしゃべりなのだ。その素晴らしさが、久米さんの場合のCM前の一言。

ところが徳さんの場合は、予告ではなく、今自分で伝えたばかりのニュースについて、「でも、そんなのオレにはわからないよ」と本音をさらけ出す、つぶやきの捨てゼリフになっている。

たとえば以前選挙速報番組のときなど、本番中は石原慎太郎さんがいて、中継で渡辺美智雄さん（故人）を呼んで、まだるっこしいまでの敬語を使ってアナウンサーらしい進行をしているのだけれど、CM三秒前くらいに、いきなりボソボソッと素顔の自分に戻り、「でも石原慎太郎さんだって総理になりたいんでしょ？」と視聴者が一番つっ込んで欲しいコメントを吐き、見ている者のいらだちを代弁する。

あるいはマイク・タイソンのタイトルマッチでは、徳さんはリングサイドのレポーターとして、別の実況アナウンサーから「それでは試合前の客席の盛り上がりをどうぞ」と渡され、何分間か前フリをやる役割だった。横には長嶋茂雄さんや今は亡き山際淳司さんがいて、三人は最初なぜか東京ドームの最上階に陣取り「ワクワクしますすね」みたいな月並みなやりとりをしていた。最後はよくあるパターンで、「そろそろボクらも居ても立ってもいられなくなったんで、リングサイドに下りていきます」というところで締める。よくある演出上のお約束とはいえ、見てると（なんだ、居ても立ってもいられないんだったら最初からリングサイドにいればいいじゃないか）と白白しく感じたその矢先、CM直前の五秒ぐらいの余った時間を利用してまたまた徳さんの捨てゼリフが炸裂した。

「さあ、長嶋さん、行きましょう」とゲストを送り出しながら、自分はまだカメラの前でウロウロしている。そして、

「えっと、あれ持って、これ持って……そうだ、この資料も持っていこう」と日テレの紙袋を持っていくところまで見せた。ごく他愛のない仕種とつぶやきだけど、視聴者にはものすごいインパクトだ。それまでの白白しさが吹き飛んで、（そうか、ワクワクするあまり、仕事を離れてオロオロしているんだな）と素顔を見せつけられたような効果があった。

しかも、その素振りが、まるでピクニックに行く前のお父さんが（火の元も消したし、

リュックも背負った。あっ、一応雨カッパも持って行こうか）とワクワクしながら準備しているようで、徳さんはそのあたりの計算というか人柄のにじませ方が実にうまい。

まさに本音の捨てゼリフの帝王たるゆえんだと思う。

我々が日常会話でこれにならうなら、喫茶店などでバンバン話が盛り上がったあと。最後のつぶやきは相手に言うのでなく独り言のようにボソボソ声で、

「あー、今日はホント楽しかった」

あるいは、

「あっという間に時間が過ぎちゃったな」

とか言ってみるのも、一つの前向きな捨てゼリフになる。

さりげなく自分が伝票を持ち、相手が、

「そんな〜、払いますよ」

と言ってるのを手で制して、（いいえ、ここは）と、無言で自分が持つことを態度で示したうえで、ボソボソッと、

「あれ、携帯電話忘れてません？」

と、勝手に自分が心配しているような口調で言えば、相手は必ず好印象を持つのではな

いか？　そういう親切な捨てゼリフを相手につぶやかれると、（あっ、この人いい人なんだ）と、少なくともボクなどは、そう思いますね。

感情論を有効に使え

『朝まで生テレビ！』という番組は、一般社会における会議や話し合い、討論やディベートといったあらゆる会話のいい例や悪い例を全部つめこんだある種のカタログになっている。

ボクなんかが見ていて、やっぱり一番好きなのは田原総一朗さん。司会者という職業柄か、本能的にどこか味方したい部分があるのだろうが、とにかく一刀両断の進行ぶりが痛快で面白い。

「冷静に話しなさいよ。それは置いといて、今、こっちの話なんだから」

と仕切っておいて、突然、自分の受けどころでは、

「そうじゃないだろう、あんたが間違ってんだろう！」と論客に早変わり。

「それはこっちに置いときましょう」とその問題を棚上げにした舌の根も乾かぬうちに、平気で再び問題点を引きずり出して、「そういうところを言いたいんだオレは！」と、ア

ッという間に論客の一人に変身してしまう。これじゃまるで「今日は無礼講だ。遠慮会釈なく飲んで本音を吐き出してくれ」と言っていた上司が、いきなり「不平不満もいい加減にしろ!!」と突然怒鳴り散らすようなもの。だが、そういうわがままさやズルさがボクは好きなのだ。

つまり、人間は単細胞じゃないというか、一人の中に何人もの人間が住みついているような、そんなアンバランスさが逆に魅力的に見えるということなのだろう。

また田原さんは、パネラーに発言を促すとき、必ず手を振り上げて空手チョップみたいなポーズを取る。「それじゃ、今度はこちらに」って仕切るのだが、あの手が日舞の扇子《せんす》みたいな役割を果たしている。文字通り采配になってるわけだけど、一方で、「さあ、次は司会者の田原」「今度は論客の田原」と、自分の中の仕切り線を何度も引き直しているようにも見える。だから、見ていて飽きない。

でも、実際に会社の会議を田原総一朗流の議事進行で切り盛りしようとしても、いかんせん、一般のレベルでは総スカンを食らうだけで、真似をするのは困難だ。

そこへいくと、もっと身近なレベルで参考になるのは、やはりパネラー同士のやりとり。こちらは、すぐにでも使える実際的なヒントがゴロゴロ転がっている。

どういうことかというと、会議で意見が対立した場合、普通はどちらかの意見が論理的に整合性があって現実的かを比較して、論理が整っている意見のほうを優先させるという大前提がある。ところがそれは一応の建前にすぎず、実際には案外、もっと安易な感情レベルで左右されるケースのほうが多い。『朝まで生テレビ!』がいい例で、聞いてる視聴者にとっても論理性をたぐっていくよりは、どうも発言者の声のテンションとか、その人自身のインパクトに興味をそそられてしまい、つい、そっちのほうを味方したくなる。そういう人間心理というのが、建前は建前として認めていながら、どうしたって残るのだ。

だから、大島渚さん(故人)じゃないけど、細かい話の流れをスパッと断ち切るぐらいの、思いっきり根源的な問いかけをブチかますと、「そうだ、そのとおり!」「よくぞ言ってくれた!」と、それだけで拍手喝采を浴びることになる。

因《ちな》みに大島渚さんの場合、根本の論理性ははずしてないわけだけど、あのハイテンションやインパクトは真似することは可能なのだ。

たとえば、会議が煮詰まってきて、相手側の陣営のほうが論理成立してしまい、どうやら大勢を占めてしまったという場合の切り返し方の例。これは友人の会社で実際にあった話だが、突然こんな突飛なことを言い出した課長がいた。

「だって、基本的には、人間は幸せになりたいんでしょう。それしかないじゃないですか。だから、ああだこうだ言う前にですね！……」

こんなふうに、ごくごく簡単なことを大上段に主張したのだ。

すると、長い会議に疲れていた大部分の者には、それがコーヒーブレイクのような作用を引き起こし、「考えてみりゃ、そのとおりだ」と、大半が何も考えてないくせに考えた気になって、その課長の感情的意見になびいてしまったそうなのだ。この種のはぐらかしというか、問題のスリ替えは、単純であればあるほど、また意表を突いていればいるほど効果があるみたいだ。

こんがらがった会議はそれでも結局小難しい議論に戻っていくのだが、そういうリードというか切り出し方を振ったか振らないかで、場の反応が百八十度ちがってくる。

しかし浮動票グループというか、あまり熱心でない中間派は、「そうだよな、やっぱ人間は幸せになりたいんだよな」と、本論に関係のない部分のインパクトに引きずられて、最後には同調することが多いから、一口に感情論といってもあなどれないものがある。

要は、膠着《こうちゃく》した会議の中で、内心ウンザリしてる参加者に向けて、いかにタイミングよく小休止を与え得るかという、間合いのテクニックなのである。

そのためにも、会議の前半はなるべく控えめにして、自分が発言する際に、まだ皆の中に自分に対する目新しさとか、気分転換への期待が残ってるような状態をキープしておくことが何よりも大切なポイントだと思う。

昔から、サラリーマンの会議などで、

「それはキミ〜、感情論でものを言ってるよ〜」

と批判されるパターンがある。それを逆利用する。

皆が必死に感情を殺して建前で攻めているときに、スパッと感情論を短めに決めるのがコツなのだ。

苦手人間との接し方

人生相談の大半は人間関係の悩みだったりする。

苦手意識が高じて、嫌い、顔を見るのもイヤ、会社を辞めたいと負のスパイラルに陥ってしまう前に、ボクからささやかなアドバイス。

アントニオ猪木さんから聞いた話だけど、異種格闘技戦でプロレスラーがキックボクサーと試合すると、下手にウィービングなんかを使って相手の攻撃を避けようとしても、キックボクサーは慣れたもので平気で逃げるレスラーにパンチやキックを撃ってくる。パンチやキックに対して、レスラーは怖くて逃げようという心理があるが、それでしりぞいたら相手の思うツボになってしまうのだ。そんな場合は逆にレスラーのほうから思い切って頭を突き出して入っていくと、今度は相手がびびるというのだ。たとえカウンターが当たっても距離が近すぎて腕が伸び切らないからダメージが少ないし、その間にぱっと腕をとるとか足を払うとかして関節を決めればレスラーは勝てる、と。

苦手な相手には逆に避けずに相手の懐に飛び込んでいくという戦法は、一般の生活にもそのまま応用できるようで、水商売のホステスさんからも同じような話を聞いたことがある。

いまだに酔っぱらって触ってくるタイプの客がよくいる。腿《もも》のあたりを触ったり、肩を抱こうとしたり、そういうのは死ぬほど嫌だ。でも逃げようとすればするほど相手はしつこくなり、ひどいときは胸やお尻まで触られてしまう。そういう場合は、自分からグッと距離をつめお互いの腿と腿とが当たるくらいにしておいてから、自分の右手を男の腿に置いてやると、絶対にそれ以上触ってこなくなるらしい。

男からすれば、気に入った女の子のからだの一部分が密着して温かい掌《てのひら》が自分の上に乗せられていると、気持ちがいいと同時に、絶対にそれ以上踏みこめない。女の子にすればあえて男の腿に手を置く、これぞ専守防衛、個別的自衛権だ。

この例からもわかるように、一を提供して九の災厄を免れる。どんな場合でも、苦手な相手ほど、逃げずに自分から接近していったほうが意外に安全なのだ。

たとえば相手の専門分野がよくわからないときなど、この作戦を使うと効果がある。ボクの場合だと学者や文化人（不勉強で著書を一冊も読んでいなかったり、相手についての知識が中途半端だったとき、営業マンでいえば下調べが不十分で先方の会社の情報をよく知らなかったりするとき）にこの作戦を使う。

「すみません、ボク全然おたくのこと知らないんですよ」と、いきなり至近距離で突っこんでいき、「でも教えて下さい!!　この際」と、思い切って丸腰になってみる。

相手は「知らない」と言われてムッとなるけど、その分こっちが前のめりになって、目を見て一所懸命「教えて下さい」「お願いします」というタッチでガンガン攻めていくと、相手はパンチを出せなくなる。

「ホントに知らなくてすみません」と正直に言いつつ、時おり「あのー、前々から思っていたんですけど、○○○○の問題についてはどう思われますか?」という一般論の質問を交ぜるのも良い。その人とは直接関係なくて、ただ前々から自分が興味を持っていた問題などを一般論として持ち出すのだ。

　すると相手は錯覚して、（こいつ、全然知りませんって言っておきながら、前々からオレにその質問をしようと楽しみにしてたのか）と勝手にいいほうに解釈してくれて（なんだ、多少はオレのこと知っているじゃないか、ははは……）と段々ごまかされてくる。本当に全然知らないし、かつ正直に何度も「知らないんです」と言っているのに、相手はあまりの距離の近さ、心理的な距離の近さに幻惑されて（こいつ、なかなか分かってるじゃないか）と評価までしてくれる。結果、自分は危機を脱するし、うまく行けばビギナーズ・ラックで得をする。

　ところがよくありがちなのが、うしろめたさや苦手意識ばかりが先行するあまり、相手を避けようと逃げ腰になり、普段よりも余分な距離をとったうえで防御を固めようとする悪いパターン。防御壁があれば相手は冷静になって、（コノヤロー、ろくにオレのことを知りもしないでデカイ口たたきやがって）と意地悪になり、得意のパンチを繰り出してくるから、チャチなディフェンスなどたちまち突き崩されてしまう。

　そうならないためにも、苦手な相手を迎えたときこそ、思い切って相手の胸に飛びこんでいく捨て身の策が、逆に最大の防御策になるのだ。

三秒間無言術の極意を知っているか

言葉と言葉の合間に何か無言の動作をつけるというのは、前後のおしゃべりを際立たせる素晴らしい演出になると思う。

それは「間《ま》の演出」にもつながることだけど、以前F1グランプリに行った帰路でのエピソード。シカゴから成田まで中嶋悟さんと機内で隣同士になれたので、ボクは初めてじっくり話し合えるチャンスに恵まれた。

そのとき中嶋さんが、

「古舘さん、これあげようか」

と、アタッシェケースから何やら小さな物を大事そうに出した。見ると、中嶋さんのロータスのヘルメット（カーナンバー12番）を象《かたど》った可愛いバッジ。

「たいしたものじゃないけど、お近づきのしるしに……」と、それを照れ臭そうに私にくれたのだ。

「たいしたものじゃない」と言いつつも、中嶋さんにとっては、やはり特別な意味をこめた物なんだろうということが伝わった。

普通の人なら、「お近づきのしるしに一献いかがです?」というのがよくあるパターンだが、それを分かる人だけに分かるレアなバッジをくれるってところが、なかなかオシャレな演出だなーと感心した。

早速着ていたGジャンの襟元につけようとしたら、それまでベラベラ喋っていた中嶋さんがスッと手を出して、無言でボクの手を払いのけバッジをつけてくれた。

意表をつかれたボクはちょっと照れ臭い気分になり、

「イヤー、ありがとうございます」と礼を言ってまたベラベラ喋り始めた。

すると、中嶋さんはまたひゅっと手を伸ばし、ボクの襟元のバッジの向きを直す。

その七秒間ほどの動作の間に(この人は本当に繊細でナイーブな人なんだ。こんな細かいことまで気にして意外に女性的な面もあるんだなー)と、いろんなことを感じていたら、中嶋さんはさらに、今度は三秒間くらいで再びチョンチョンとバッジを直して、じーっと位置を見てる。その表情を見たときに、彼の性格の一端が読めたような気がした。

やっぱりおしゃべり野郎は無言の動作にはかなわない。それまで普通に話をしていて突然フッと沈黙して無言の動作を挟みこみ、また何ごともなかったかのように話に戻っていく中嶋さんの仕種は、本当に新鮮で魅力的に見えた。こういうことは、意外と日常の中にもよくあるんじゃないか。

男でも女でも、白熱して喋っていて、突然隣の人が襟元を直してくれたり、あるいは肩に髪の毛が落ちてるのを取ってくれたり……。

そんなとき「ちょっと、襟が曲がってるよ」とか「髪の毛ついてる」なんて口に出してしまうから野暮ったいわけで、その数秒間だけは無言になってまた元のおしゃべりに戻っていくような人を見れば、その印象は鮮烈に残って一生その人に感謝したくなるぐらいのインパクトを感じる。

そして、これはちょっと作為的になるけど、会話が盛り上がった頃合いを見はからって急に黙り込み、髪の毛なんか落ちてなくても落ちてるような顔をして相手の肩口に触るとか、あるいは無言で相手のブローチを直してあげるとか、何かそういうことをキザにならない範囲で試してみるのも一つのトリッキーな場面転換になっておしゃべりを何倍にも際立たせる効果的な方法になるにちがいない。

話のネタを生き返らせるヤツ、殺すヤツ

仕事でも友人同士でも、あるいは恋人との会話においても、「座持ちがよい」ことは大切だ。そのために多くの人が話のネタをつくろうと、あるいは相手の会話についていけるようにとニュースをチェックしたり雑学本やジョーク集を読んだりして努力している。

だが、そうやって半ば強迫観念的にインプットしたネタを、「ほーら、オレって話題にはこと欠かないでしょ」というノリで、商談だろうが雑談だろうがやたらと途中に押しはさむ輩がよくいる。それで自分が座持ちがいい男だとカンちがいしている。そういう人を見るたび、そんなの自己満足だけじゃないかと感じてしまう。

たしかに大変な努力をしてるんだろう、もしかするとネタを一つでも多く仕入れるために睡眠時間まで削っていたりして。その根性は買うが、丸っきり発表会感覚になって聞いてもいない情報をひけらかして、最後に「結構、勉強してるでしょ、テヘッ」なんてニヤけ笑いをされたりすると、それだけでもうツヤ消しになってしまう。よくいるじゃないですか、そういうタイプ。

（おまえ何力んでんの？　別に発表会だなんて誰も思っていないよ）と言ってやりたくな

る。むしろ情報を知っていながら知らないふりをするほうがおしゃれなんだし、そういうガリ勉的おしゃべり野郎に限って発想がありきたりで何の面白味もない。試験をやってるわけじゃないのだから、（な～んだ、こんなことも知らないと時代に取り残されるぞ）なんて態度は、頼むからやめて欲しい。

深夜のニュース番組をたまたま見ていないからといって、（そりゃ、本当に好きで見てる人には文句はないけど）それがどうして時流に乗り遅れる一大事になるのか、ボクにはとうてい理解できない。膨大な情報の波を、てきぱきと何でも能率良く片づけて、要領よくインプットすることが本当に効果的なおしゃべりにつながるのか。人生を斜め読みするが如く何でもサッサと目を通し、記憶力の当座容量を満杯にしても、それはスッと流れてしまう。その場限りの試験勉強みたいなものだ。

ボクが敬愛してやまない養老孟司先生は「情報は動かない石ころに過ぎない」と言っている。ところが現代人は、情報は常に変化しているとカンちがいしているから、変化に追いつこうと石ころをかき集めることに躍起になる。最新の情報だって、実はそれを知った時点で既に過去の遺物、つまり石ころなのだ。養老先生はこうも言う。歩きながらスマホでニュースをチェックするなんて、後ろ向きに歩いているようなもの、と。相変わらずたとえがうまいな〜。

ボクはむしろ、非能率的な情報収集こそ、座持ちのよいおしゃべりを生むのだと信じて疑わない。

たとえば新聞を読むときでも、一面にある国の政変の記事があったら、それだけをボーっと十分くらいかけて考える。反乱を起こした男はどんなやつだったんだろう？　両親にはどういう風に育てられ、どんな女に初恋をして、どんな経由で政治の道に入ったんだろう？　ケンカは強かったんだろうか？　酒や煙草は好きだったのか？　政敵をどのくらい粛清したんだろう？　その粛清された人たちはどういう人間だったんだろう？

また、アングルを変えても考える。民衆の熱狂ぶりはどんな風だったのか？　各国の大使やその家族はどんな感覚でそのシーンを目撃したのだろうか？　この政変のあと生まれてくる子どもたちは、数年後この事件について親からどんな話をしてもらうのだろう？

そうこう考えているうちに、いつも時間がなくなって、仕事場に向かう車を降りるときには長引く不景気のことも有事立法のことも、三面記事もスポーツ面も、ほとんど目を通せないで終わってしまう。あるいは整理のつかないまま、ゴチャゴチャにインプットされてしまう。

でも、その能率の悪さこそ、逆に会話の上での程良い香辛料になる。車の中で十分間程考えた分だけでも自然にその単語が出てくるし、整理がついてない分だけ、全然関係のない文脈でも平気で使えるのだ。

昼食のあとコーヒーを運んできたウェイトレスが態度の横柄な娘だったら、「彼女、高市大臣（他意はありません）みたいに横暴なやつだね」と言えば仲間は笑うし、残業があるのに一人だけ先に帰ろうとするOLがいれば、「習近平のキツネ狩りから逃れるためにカナダに渡る役人か！」と言ってやれば場の険悪なムードはほぐれる。

そのほうが、自分しか知らない最先端の話題をひけらかすより、よっぽど相手に喜ばれる。

座持ちがよいというのは、圧倒的な情報量をインプットして、幅広い分野をくまなくフォローしているのでも何でもなくて、皆が知っている当たり前の単語を、いかに当たり前でないスタイルで言えるかどうかということだ。

要するに、いかに都合よくトリッキーな速いジャブを繰り出せるかどうかの問題なわけで、別に新しいことを言ってるわけでも面白いことを言ってるわけでもなく、ただ相手が眠らせている部分を鞭《むち》打っているだけ。SMの女王みたいにピシッとやって、相手の感性を刺激しているだけなのだ。

かっこよく言えば相手の感性の船頭というか、水先案内人である。そのためにも能率の悪い情報収集で、少しでも長くボーっとする時間をつくっておくことが、自由で柔軟で気どらない言葉のゲームを展開する秘訣だと思う。

そして、その秘訣をマスターした者が、結果的に座持ちのよい人間になるのだ。

一を言って十が伝わる会話
相手が自分を失い、
のみ込まれてしまう会話術

言いにくいことを言うためのキーワード

ちょっとした一言が思わぬところで役立ってくれるケースがある。

ボクが重宝している一言は、「ちょっと違うかも知れないんですが……」というフレーズ。この一見何の変哲もない言い回しが実に様々な場面で効果を発揮する。

たとえばボクはトーク番組のホストをやっていたとき、ゲストは皆タレントだから、当然、自意識も強いし自己愛も強烈。

だから、仮にゴルフへ行ったときの失敗談をしたときにボクが、「ゴルフの失敗談なら同じようなのがありますよ、実はネ……」と話を引き取ると間違いなくゲストは不機嫌になる。ボクが似たような体験談を話しても、ゲストの反応は「それは状況が違うでしょ。私の場合は○○○だったし……」と、もう一度自分の話題を繰り返させるだけになったり、あるいは、全く興味を示さぬまま、「ああ、そう」と片づけられてしまう。

これは（今日はゲストとして招かれ自分の話をしに来たのに、なんでオマエがペラペラ喋るんだ）という心理が働くからで、しかも、せっかく自分が一所懸命話した体験なのに、そのぐらいのネタだったら珍しくないよと、司会のボクに一刀両断されてしまった気分になりかねない。

もちろん、ボクにはそんな気分はサラサラなくても、印象として、そう取られてしまう。生来おしゃべりな私は、これにはずい分悩んだ。

そこで開発したのが、例の「ちょっと違うかも知れませんが……」という断り文句。右のようなシチュエーションの際、必ずこの一言をつけ加えることにした。

まずゲストの面白い話がある。そこで大笑いしたあとも、しばらく余韻を引きずる感じで、「へェー、そんな話があったんですか」と少し間をおいてから、**「今のお話とは、ちょっと違うかも知れませんが、**ボクも失敗したことがあって……」と切り出せば、話してる内容は同じなのに、ゲストの表情が生き生きしてきて、「へェー」「面白い」と反応してくれる。

前フリで「ちょっと違う話をします、スイマセン」と断りを入れることで、逆に「同じだよ、遠慮しなくていいんだよ」とか「それよ、その感じなのよ」という温かいリアクションを引き出せるのだから、実に不思議。ボクは偶然この言葉の効用を発見したのだが、一度味をしめたとたん、ヤミツキになってしまった。

この「ちょっと違うと思うんですが……」は、日常の様々な場面でも役立つはず。

たとえば会議などで誰かが有力な意見を言ったとき、その直後に「ちょっと違うかも知れませんが……」と一応断ったうえで、中身は流れに乗っかった無難な話をする。常識的なセンテンスとしては、本来「同じような意見なんですが……」と断りを入れるのが妥当な場面で、あえて「ちょっと違うかも知れませんが……」と枕詞だけを取り替えるのだ。文法上は間違っているかも知れないが、そんなことは気にしなくてよい。

すると、違う話をしますよと牽制された相手は一瞬(何だ、こいつ。オレの意見を否定する気か)と身構えたあとで、自分の意見を肯定してもらうわけだから、大変親しみを持ってくれる。「心配することないよ、同じだよ、オレの意見と。キミは間違ってないよ」と賛同してくれる。結果的に、上手な自分のアピールにもつながる。もしストレートに「今の意見に賛成の立場から話をします」なんて言ってしまったら、(度胸もないくせに、人の尻馬にばかり乗ってきやがって)と逆に軽んじられてしまうから、この一言は重要だ。

ちょっとした言い回し一つで、百八十度異なる結果が生まれる。まさに「ちょっと違う」が「大した違い」を生む実例だ。

大胆流口説き術の神通力

自分の喋っている言葉を、あたかも第三者が見てるような客観的な形で釈明するという名付けて「中継法」は、日常会話の中でも応急処置にはかなり役に立つ。

たとえば、まだ距離感がつかめていない女の子に対して「今度飲みに行こうよ」なんて誘うと野暮ったいが、「〝今度飲みに行かない？〟なんて今どき、こんな野暮ったい誘い方するやつなんていないよね」と言っておいてから、また「飲みに行かない？」と聞き直すとかなり違った印象になる。

あるいは「ねえ、キミって一人のときは、いつも何してるの？　大きなお世話ですか？」と笑いを取って、相手をほぐしたあとで、改めて「で、一人のときは何してるの？」と聞く。そうやってダサイ自分をみずから中継することで、ダササを帳消しにすることができる。（あっ、この人、自分のキャラをよくわかってるんだな）と思わせることが好印象を生むのだ。

これは分析してみると古典的な生活の知恵のようなもので、

「○○の大バカ野郎！　とか何とか言っちゃって」

と基本的には同じこと。ただし、今どきオヤジギャグのつもりで「……てかぁ？」とか「……みたいな」なんて言ってると、そのあとにまたフォローをつけなければいけなくなってドツボにはまる。

「ハゲ部長の大バカ野郎！ってかぁ？　とか何とか言っちゃったりしたら、ダサイと思わない？　違うか……なんていうと古くさいよね、みたいな」

とフォローの言葉が入り組んでしまって、何だかわからなくなってしまう。

流行フレーズに関しては、すでに死語になりかかってる言葉というのは、よっぽど気をつかって使用しないと墓穴を掘るし、いちいちフォローするのが面倒だというのはたしかにある。

それなのに、中継法のフォローも何も考えないで、すでに死語かも知れないという自覚抜きで平気で古い言葉を連発するやつがいる。

「とってもグー」とか言ってるやつ。カラオケで酔っ払いながら「ブラボー」なんて叫んでるやつ。煙草をもらったりすると「グラッチェ」なんて答えてる女。本気で首をしめてやろうかと思ってしまう。あげくは「ハッスルハッスル」「エッチ、ハレンチ！」とか、そんな危ないフレーズをわざわざ選んで、必死に使いたがるやつがいる。こういうのが一番いけない。

　どうせなら中途半端な古さではなく思い切り古典的な言葉を使ったほうがまだいい。

「この青二才！」とか「お二人さん、お安くないね」とか、「こんなスットコドッコイ野郎とは、まだつき合ったためしがない」とか、そこまでカビの生え切った古い言葉であれば、相手が知らない分だけ、フォローを入れる必要もない。若い女の子にしてみれば、古い言葉が逆に新鮮なわけだから、「合点承知之助！」とか「恐れ入谷《いりや》の鬼子母神《きしもじん》」などの類いを連発したほうが、かえって（一体なんだろう？）とミステリアスな印象を与えることにもつながる。

　海辺のリゾートでも、「日焼け」とか使わないで、「ね、甲羅干《こうらぼ》しする？」なんて言えば、「甲羅干し」なんて知らない若い女の子は「何？　甲羅干しって？」と、そこから話がはずむかもしれない。

　さて、話を本題の中継法にもどすと、たとえば自分の口癖が気になってしかたがない人は、この中継法を使うことによってコンプレックスを半減できる。たとえば「あのー」という口癖が自分で気になっている人は、

「あのー。あっ、また、あのーなんて言っちゃった」

「要するに」という言葉を何度も使ってしまう人の場合は、

「要するに……なんて、何が要するにか、わかんないけど……」

と自分でギャグにすることで客観的に己の喋りを見直すという効能もある。そのほうが無理して口癖を直そうと孤独な暗い努力をするよりはるかに効果的だし、悲愴にならずにすむ。


いわば中継法は、ドラマの台本におけるト書きと同じだ。

「あの……と思わず口ごもる宏幸。しかし、その態度は真剣である」

というふうに、相手に向かって上手く伝えられない気持ちを代わりに自分に関するト書きのような調子で喋ることで、別アングルから伝えるという手段なのだ。

「ごめん、なんでこんな簡単なことが言い出せないのか、自分で自分が情けなくなる。そんな勇気もないのかと思う。……つまり……ええい、ままよって気持ちで告白しちゃうと……好きなんだ、キミが」


何を喋ればいいかわからないとき、どう気持ちを伝えれば相手に喜ばれるかわからないときには、ひたすら自分のことを話せばいい。少なくとも、自分のことに関してだけは、だれよりも熟知しているのは自分だろう。

中継法というのは、相手に自分の弱点を察知される前に自分から先に弱みをさらけ出して、潔く審判を待つという殊勝な態度にもつながる。

「オレって、なんてダサイやつだろ」

「ううん、ダサくないよ」

とフォローを入れてくれるのが普通の人間だ。そこで「そうね、ホントにダサイよね」と切り捨てられたらそれは最初から縁がなかったのだし、そんな相手には未練も残るまい。

また友人同士の会話においても、話の転換のときに、

「話は変わるけど……」

「ところでさァ」

なんていうのも、実はト書きの中継法にほかならない。そんなときにも少しだけ工夫を凝らして、

「ガラ～ッと話は切り替わりますが」

とか、

「ところで、お話は強引に飛びましてて」

と言えば、ユーモラスな感じになって「本当に強引だなァ」と言ってる相手にも笑顔が

こぼれ強引さが不快にならないという小技もある。

さらに発展させると、相手の機微まで勝手に推測して、もしドラマならば相手に関して書かれているはずのト書きまで中継するというテクニックがある。

たとえばトーク番組だと、

「……でも、はっきり言って同棲してるんでしょ？　オーッと、これは痛い切り込みだあ〜」

とか、

「ところで私生活のほうですけど……おや⁉　これだけは聞かれたくなかったという苦渋に満ちた表情だぁ」

なんて言うと、自然に相手が笑い出して、スラスラと何でも喋ってくれるケースが多い。

いずれにしても、実況口調の有無など全く抜きにしても、中継法が話をスムーズに進めるうえでの重宝な武器の一つであることには変わりがない、とボクは断言する。

相手を有頂天にする相槌アクション

これも古舘流の会話術だけど、人の話を聞いているときはなるべく控えめな相槌を打ったほうがいい。

一度、取材でインタビューを受けているとき、喋ってるボクよりもずっと大きな声とテンションで相槌を打つ記者がいて「あっ、これは違う」と確信した。

よく周りにもいるでしょう、うるさいほどの相槌を打つやつが。こっちの話のテンポを無視して、一語一句に欠かさず「はい」「はい」と応えられると、話してるほうは興醒めする。

「それで……」と話し始めようとしたとたんに「ハイ」。（何だ、こいつ？）と思いながらも気を取り直して「さっきの話なんだけど」「ハイ」「ボクの場合は……」「ハイ」「……正直言って」「ハイ、ハイ」「いろいろと検討してみた結果……」「ハイ、ハイ、ハイ」

喋ってるほうの心理として（おいおい、まだ何も言ってないのにいちいち相槌打つなよ）とか（何をそんなデッカイ声出してんだ、今喋ってるのはオレなんだぞ）と腹立たしい感じになる。

こういうタイプは普段から自分が喋りたくてたまらないという人に多く、聞き役の立場であっても無意識に自分を目立たせようという心理が働いて「ハイ」「ハイ」と過剰なリアクションをしてしまうのだ。

「聞き上手は話し上手」という古くからのセオリーを鵜のみにして、知らず知らず（ねっ、私って偉いでしょ、こんなに一所懸命に聞いてるんですよ、もう何百回でも相槌打ってあげますよ、何せ私は聞き上手ですからね、こんなに丁寧な相槌を打ってもらえて、あなたも幸福者ですねえ）なんて押しつけがましい態度に出てしまい、聞き上手どころか最低の聞き下手になっている。「返事は大きな声で」というのは小学校の中だけのルールで、相手より大きな声で「ハイ」と応えるのは、聞き手としては最悪だ。

聞き下手というと、やたらとオウム返しをするタイプもいただけない。これは大声の「ハイ」とは逆に、自己主張がなさすぎる人に多い。

A「それでボクがね」
B「ふむ、それでキミが？」
A「きのう会社から帰ってきて」
B「ふむ、会社から帰ってきて？」
A「家のドアを開けてみて驚いた」
B「ほー、一体何を見て驚いた？」

A「うちの女房が」
B「キミんちの女房が？」
A「玄関先で」
B「玄関先で？」
A「ボクのわら人形にクギを打ってる」

なんて、昔の漫才じゃないんだから、いちいち相手の言葉を言い直さなくてもいい。ギャグとしてなら許せるが、日常会話の中でいちいち相手の言葉を反復するクセをつけてしまうと、恋愛においても情けない男を演じてしまう破目になる。

女「アタシよくＡＫＢの○○に似てるって言われるの」
男「あ、似てる似てる」
女「そうかなあ、自分としてはどこが似てるかピンと来ないのよね。目元かな？」
男「うん、目元目元」
女「……あんたって、さっきからオウム返しばっかかし」

男「そう、ばっかしばっかし」
女「自分でみっともないと思わないの？」
男「思う思う」

漫才の、昭和のいる・こいる師匠なら笑えるが、バカですよ、これじゃ。

ま、相槌に関しては、よほどのドジを踏まない限り「こうしなきゃいけない」という決まりなんてない。が、ただ一つボクが心がけているのは、相手の話に一区切りがついた、結論が出た、どーんとインパクトのある話で締まったというときには、むしろ小さなリアクションをしたほうがベターということ。

ただし、普通は相手を喜ばせようとするなら、大きな声で「うん、それは面白い！」「いやー、素晴らしいお話でしたねえ！」と言ったほうがいい。しかし、それも程度問題でここはゴマをすっておかなきゃという場面になると人はつい力の入った大声で「ハァー、なるほどーッ！」「勉強になりますねーッ！」と高いテンションで話を受けがち。

ところが、こんな熱のこもったリアクションは相手に喜ばれない。

喋り手側の心理でいうと、（あー、ようやく喋り終わったぞ、どうだ、いい話だろ、意外なオチにびっくりしたろう、さーどうだ、まいったか！）という気持ちがある。

シェフが腕を振るって丹精込めて作った料理を「さあ、食え」と客に出したあとの心理と同じで、晴れがましい気分の中で聞き手がどんな感想を言うか楽しみに待つような状態になっている。

そんなとき、ろくろく味見もしないうちから「ワー、美味しい～ッ！」と白白しく叫ぶよりは、一口食べてムムッという顔をして、もう一口食べてフムフムとうなずいて、ニッコリ笑って「うん、これはいける」と『くいしん坊！　万才』のように勿体《もったい》つけて感想を言ったほうがどれだけ相手は喜ぶか。

それなのに間髪を入れずに裏返ったような高い声で「なるほど～」なんて反応したら、相手は（なんて白白しいやつだ）とガッカリするはずだ。

なぜなら本当に超A級の話を聞いたときは、誰もが一瞬ボーっとしてしまい驚きや感動のあまりすぐには言葉が出てこないからだ。

そこでボクは相手の話がたとえ超A級でなくてもまず息を引き締めしばらく間をおいて「へえー」と言ったり、必死で笑いをこらえるような顔を作りもう言葉を失って唖然としたり、溜め息をつくように「ははーっ」と感服する等、細かいリアクションのテクニックを使う。身振り手振りでいうと、どれも小さい動きばかり。同じ芝居であっても、決してオーバーアクションにならないほうが相手をより喜ばせる。

その小さなリアクションの中に、

（いやー、あまりにもいいパンチをもらって、ぶっ倒れちゃいましたよ）とか（二の句がつげなくなってしまいましたよ）とか（ハイレベルの話ですね、私なんかバカだからついていくのが精いっぱいですよ）

というニュアンスをこめるのだ。

芝居じみたリアクションだけど、ボクとしてはB級、C級の話題にもそれくらいの反応をすることによって、いつか超A級の話が出てくるのを期待する。そういう誘い水としては必要な作業なのだ。

憎まれ口の活用法

頑固な人を説得しようと思ったときは、見え見えのヨイショでゴマをするというような方法は決して効果的ではない。

「いやー、私は常々あなたのことを柔軟なご発想をされる人物だと拝見しておりまして」

なんてトーンで向き合うのはダメ。これでは（私はあなたのような頑固者まで柔軟な人だと理解できるほど、クレバーな男なんです）と稚拙なアピールをしているだけの、ただの自己満足にすぎない。（本当はあなたも柔軟なんでしょう？）と持ち上げたはいいが、結局、肝心なところで相手が首を縦に振らないと、

「一体どうしてなんです？　ボクはこれだけ柔軟な姿勢で歩み寄ってるじゃないですか」

挙げ句の果ては「やっぱりあんたは頑固者だ！」という非難めいた態度を取ってしまうことになる。一方的に「柔軟なんでしょ」と決めつけといて、「なんだ、所詮タダの頑固者か」なんて話になれば、相手は怒って、「バカヤロー、前半のヨイショは何だったんだ！」ということになる。

一貫しないヨイショで言いくるめようとするよりは、一貫した憎まれ口で勝負したほうがはるかにまし。

具体的にはどうすればよいか。ボクなら開口一番から「あなたは本当に頑固だからかなわない」とまずハッキリ言う。そんなことを言ったら頑固な相手は怒り出すんじゃないか、なんて心配は無用。

これも順序の逆転のトリックで、さんざん話をした最後に「頑固だからかなわない」と

言うから逆鱗に触れるのであって、最初から「あなたは頑固ですものね」と言っても、あからさまに相手の自尊心を傷つけたことにはならない。頑固な人というのは多かれ少なかれ自分は頑固だという自覚があるから、よほど攻撃的なトーンで「頑固だ」と非難されない限り怒りを爆発させることはない。それに乗じて、こちらは「いや、みんなそう言ってますよ」「○○さんの頑固ぶりというと、もう社内でも有名で」と、ガンガン畳みかけるのだ。

すると、相手は半分照れたような表情になって苦笑いしながらこう返してくる。

「そんなことない。オマエのほうがよっぽど頑固だよ」

昔あったんです。頑固者同士がケンカして、「あんたの頑固にはあきれたよ」「いや、あんたのほうこそ町一番の頑固者だ、ハハハハ……」と魚屋の頑固おやじとゾーリ屋の頑固おやじが肩組み合って笑うホームドラマのエンディングが。毒には毒、頑固には頑固の論理。でも、これだけではまだテクニックとは呼べない。その後が肝心だ。

「おまえのほうが頑固だよ。だってオレは柔軟だよ、こう見えても」と相手が折れてきたときがチャンスだ。すかさず相手の懐に飛びこんで行けばいい。

「わかってますよ、○○さん。頑固な人ほど一徹に筋を通すし、その分、逆に柔らかい面を持っていることは承知しています」

冒頭の例のような強引なヨイショではなく、あくまで相手を頑固だと規定したうえでのヨイショだから、相手の心に訴える。しかも直接誉めるのではなく〝頑固な人〟という性格グループを想定したあとで、一般論として間接的に誉めているので、完全犯罪は成立。

ここまで持っていけば、その後は相手が勝手に（できるだけ柔軟に対処しよう）という姿勢を見せてくれるはず。そのうえでこちらは成り行きに乗じて頑固な自己主張をしても許される。こういうシチュエーションづくりで頑固な相手も言いくるめられるのだ！

くどくど語ってしまったが、要は頑固なやつには頑固に接する。相手が頑固だから、こっちは柔らかく対応しようと思うのが大間違いで、そこは頑固者の合わせ鏡になればいい。

無口な人には無口で臨め

人間は、大きく分けて「おしゃべり上手」「おしゃべり下手」「おしゃべりでない無口な人」の三種類に分類される。この中で実は一番数が多いのがおしゃべり下手な（でも、よく喋る）人。

多少でも話術のテクニックのある人が、一対一で向き合ったときに御しやすく簡単にあしらえる相手は、この「おしゃべり下手」のタイプ。反対に、話しづらくホトホト手を焼いてしまうのが、「無口なタイプの人」だ。こういう人が相手に回ると、間がもたずに窮したあげく、肝心な話は何一つ聞き出せないままうなだれて退散させられることがある。

テレビ番組の司会においてもそう。

「ゲストの○○さん、取材したディレクターの話では、小学校時代は活発な子どもだったんですって？」

「いえ……（沈黙）……そうでもないです」

こんな展開になると、司会者は大弱り（困ったなァ。面白いこと喋ってもらわないと、次へ進めないからなァ。質問を変えてみるか）。

「じゃ、中学時代は？　バスケットボールに熱中したとか？」

「……（沈黙）……そうでもないです」

「あっ、そうですか」としかボクも言いようがなくなってしまう（さあ、どうやって話を変えようか……）。

「高校時代は、どうだったんですか？」

（頼むから答えてよ、お願い!!）と心で叫んでいるのに、

「さあ……普通の高校生でしたから」

（ちょっとォ、あんたも仕事で出演してるんだからマジに答えてよ！）と思わず言いたくなる。こういうのが最悪の泥沼であるが、でも、結局はこちらの切りこみ方が下手なだけなのだ。

無口な人に対して、強引に喋らせようとこちらが饒舌《じょうぜつ》になるのは完全に逆効果。

たしかに沈黙の間が恐くて、何とか谷間の余白を埋めようと饒舌になるのが普通の心理だが、「相手が無口だから、代わりにオレが喋ってやろう」と思うこと自体が、相手にとってては大きなお世話だし、おこがましい行為にほかならない。

基本的に無口な人というのは、饒舌な人に対して辟易《へきえき》していることが多い。普段から他人のおしゃべりばかり聞かされてるから、いい加減ゲップが出てる状態なのだ。そんな相手に、機関銃のように言葉を乱発してもダメ。

むしろ、武器を懐にしまうようなつもりでピタッとおしゃべりをやめて、自分も同じように口を閉ざす。質問を中断し、ボソボソとつぶやくだけにする。

「いやァ、無口ですねェ。困っちゃいましたね」と間をあけて、そのあとは一切自分から喋らない。五秒、十秒とおし黙ってみる。

すると不思議なもので無口だったはずの相手が、今度はあわててその間を埋めようと逆にフォローしてくる。

「そんなに困んないで下さいよ、古舘さん。私は無口だけど、一所懸命喋りますから」という具合に。

これは多分、沈黙の間をどちら側がつくったかということと関係があるように思える。

自分がいっぱい喋って相手が沈黙してるときは、黙ってるのは向こうなのにその沈黙の原因をつくった責任はこちらにあるような感じになる。

ところが、あえてこちらから口を閉ざして間をつくると、相手は（自分のせいで古舘が黙ってしまった）と責任を感じ無意識のうちに間を埋めようと喋り出す。そこが会話の糸口になるのだ。

イソップ童話の「北風と太陽」そのもの。旅人のマントを脱がせようとして、北風は突風を吹きつけてみるが、旅人は必死でマントをつかんでいるから効果がない。ところが太陽がサンサンと光を注いでやったとたん、旅人はマントを脱ぐ。

会話術や対人術でも、この法則は当てはまる。無口な人の場合に限らず、常に相手に合わせて作戦を練ることが必要なのだ。

悪口をヨイショに変える高等テク

今はヨイショひとつするにも難しい時代になってきた。

「最高です」なんて言うと〝白白しいやつ〟と取られるし、「胸にしみ入ります」と言えば〝嘘つけバカヤロー〟と思われる。皆が天《あま》の邪鬼《じゃく》になって、わがままでひねくれてきているから、「夢のような感動です」と言っても〝一夜明けたら忘れちゃうって意味のイヤ味か〟と勘ぐられる。

こうなってくると、もうストレートなヨイショは通用しなくなり、逆に悪口にからめたボーダーラインすれすれのヨイショが効果を発揮するようになる。

たとえば、頑固な人を「石頭だ」と形容すると、（オレはそんな融通のきかない馬鹿じゃない）とムッとされるのに、「鉄のような意志を持っていらっしゃる」「石頭というレベルを超えてセラミックだ」なんて言ってやると、相手は悪い気がしない。言ってるほうの意識としては、どちらも頑固者とか、発想が硬直したどうしようもないオッサンというふうな感覚で皮肉をこめて言っているのに、言われた側は、（うーむ、そうかセラミックなのか、価値のある素材なんだな）と言葉のイメージから勝手にいいほうに解釈して、結構喜んだりする。

トリッキーな悪口は、下手なヨイショ以上に有効な手段なのだ。

その意味でも悪口は大げさに意表を突くような形で言わないとダメなわけで、中途半端に遠慮がちに言うと、相手はよけいムッとする。

「あなたって本当に抜け目なくて、『水戸黄門』に出てくる悪代官そっくりですよ」

なんて言ったら、普通はだれでも怒るに決まっている。（ふふふ……、越後屋、おぬしも悪よのぉ）という、あのイメージしか浮かばないから、絶対シャレっぽく受け取ってくれない。

「いやー、あなたのしたたかなところは、まるで腹芸のうまい中国の首脳陣レベルです」

と言うと、いきなり超A級の国際要人を引き合いに出して「あなたと似てる」と感想を言うわけだから、相手は「えっ、どうとればいいの？」と一瞬の思考停止になる。このへんが悪口の面白いところで、限界すれすれのスリルを楽しむ遊びができる。

より完璧な形で相手に絶対恨まれない悪口を言うためには、さらにもう一つのポイントがある。

「〇〇〇と言われている……」という婉曲《えんきょく》表現を付け加えること。これによって悪口を一般論にすり替える。

ボクの例で言えば、歌番組に化粧上手で有名な演歌歌手が出てきたときに、どう見ても水商売のホステスみたいな感じなので、ついおちょくりたくなった。でもまさか開口一番、「あなた、クラブのチーママみたい」とは言えない。いきなりなんだ、となる。

そんなとき、一般論のかくれミノを使って、本人ではなくテレビカメラに向かって、「さ、皆さん、ご紹介します。芸能界のチーママと言われている○○○○さんです」とやると、本人は「チーママなんかじゃない」と思っていても、話の流れの中では怒れなくなるのである。

「○○○と言われている……」「○○○と呼ばれている……」とあたかもだれかがそう言ってるような紹介の仕方をする。本当はだれもそんなこと言ってなくて、ボク一人が勝手に言ってるだけなんだけど、何となく許されてしまう。いわゆる他人のせいにして逃げを打つという高等テクニックだ。もちろん「あんなの古舘一人が言ってるだけじゃないの」というのはバレバレだけど、そういう断りを入れておくと相手の反応はずい分穏やかになる。

だから会社の中でも、短気な上司に皮肉を言ってやりたいときは、古い言い回しで、

「部長はもう会社内で、〝歩く瞬間湯わかし器〟と言われていますよ」

と言ってやればいい。根本的には悪口なんだけど、相手には憎まれない。もっとエスカレートさせて、

「いやー、部長の過激なまでの言動は、〝ビジネス街のトランプ〟だと丸の内一帯で評判ですよ」

とか言っても、全体的にギャグっぽいトーンになるし、相手も（なかなか気のきいたこと言うじゃないか）とニンマリ笑ってくれるはず。

強引なヨイショよりは遊び感覚の悪口。このほうが、おしゃべりは楽しいし、それで相手が喜んでくれるなら、もう言うことなし！

超ゴマすり術の奥義

ボクがサラリーマン時代にいつも思っていたことだが「あいつはゴマをするのがうまい」なんて言われてるやつが、本当に上手なゴマをするのを見たことがない。

本来ゴマすりという意味は、上司に取り入って良い印象をアピールするということだから「あの野郎、またつまんないゴマをすりやがって」と思われた時点で、もうモクロミは

ご破算のはず。だから「ゴマすり屋」の異名を頂戴してしまった人は、ゴマすりによる恩恵は全く何一つ得ていない、いわば〝無実の罪〟の貧乏クジを引いてる人だ。

本当のゴマすり男は最後までアリバイを崩さない、絶対見破られない完全犯罪のゴマのすり方を心得た者なのだ。

たとえばお中元やお歳暮、あるいは上司へのバースデイ・プレゼントもゴマすりの一種。もらったほうの上司も、それぐらいは先刻ご承知だから、

「オマエ、またゴマすっちゃって……。でもありがとうな」

と、悪気なくそんな言い方をしてくる。

そういうときほとんどの者が、労をねぎらわれたり感謝をされた嬉しさから、てれくさそうなリアクションをしてしまう。「ゴマすりだろ?」と言われたことに関しても、むしろ肯定的なニュアンスで受け答えしてしまう。

「テヘへ、いやァ、儀式というか一つの慣例ですから」

特に最近の若い人に、この手のリアクションが増えている。これは絶対に損! 植木等の『日本一のゴマすり男』じゃないんだから、「ゴマすりだろ?」と言われて、ヒロイックな気分になってどうするんですか。相手は「ありがとう」と言いつつ、「ゴマすりだ

ろ?」とさりげなくカマをかけている。誉められてるのではなく、汚名を着せられているのだ。

(いや、ゴマすりでなく、純粋な気持ちであなたに感謝の意を表したかったんだ)という心情がありつつも、(でも職場内の人間に対する物品贈答だから、ゴマすりなのかも知れないな)という反省もあって、つい普段以上に軽いトーンでヘラヘラ受け答えをしてしまう。

「とんでもないですよォ、これはボクの気持ちです、テヘへ……」

この一言で、上司は「ほら、ゴマすりだ」と思ってしまう。そういう不条理な、気の毒なケースも多いはず。

そうならないためにも、こういう際の受け答えは、完全犯罪タイプのゴマすり野郎に学ぶべし。

「ゴマすりだろう?」と言われたら、迷わずパッと無口になる。つとめてシリアスな、かつ残念そうな悲愴な表情を漂わせるのだ。

『北の国から』の純くんのタッチで、

「いえ、そんな……いや……」

と小さく低いトーンで大まじめにリアクションすると、

「あ、ゴマすりなんて言って悪かったな～」となる。

これが完全犯罪のテクニックなのだ。

ここまでの駆け引きをしておかないと、せっかくのお中元やお歳暮も功を奏さないまま、
そして上司に対するゴマすりも不発のままで終わってしまうのだ。

Chapter 3

一回会っただけで大親友になる〝アクション・トーク〟

心を伝える味見論法

料理番組やいわゆるグルメ番組というのは、レポーターが必ず「美味しい」「うまい」と言わなければ番組が成立しない。「まずい」なんて言ってしまっては「じゃ、なんで番組でわざわざ紹介するんだよ」ということになって、収拾がつかなくなる。

しかし、やはりレポーターにも好き嫌いがあるし、たまには「まずい」と言いたくなるときだってあるにちがいない。こんなときどうするのだろうと、ボクは常々興味を持っていた。

以前、渡辺文雄さん（故人）がレポーターをやってる番組で、料理を食べた直後に渡辺さんが、一瞬しかめっ面をしたことがあった。ボクはTVを見ていて（あっ、きっとまずいんだな）と推測し、（こういうとき渡辺文雄は何て答えるんだろう？）とワクワクして見守った。

「まずい」とは死んでも言えないし、かといって「うまい」とは食通としては言いにくいものがあるだろう。毎週いろいろな料理をあの手この手の誉め言葉を駆使して少しでも違ったニュアンスや表現を出そうと苦心してきた名レポーターともなると、あからさまな見え見えのヨイショ言葉などは、プライドからいってもできれば避けたいと思ってるはず。

そういった期待をふくらませて画面に見入っていると、ものの見事な一言を渡辺さんはのたまった。

「いやー。好きな人にはたまらんでしょうなあ」

ボクは引っくり返って大爆笑。いや、さすがは渡辺文雄大先生、非の打ちどころのない超A級のリアクションだとすっかり感心した。

「自分はこの味が好きだ」とは一言も言わないで、勝手に逃げて「好きな人にはたまらんでしょう」と無関係な他人の好みを推測するという、偉大なるおせっかい発言。それによって巧みに自分の嘘を回避し、一般論にすり替えることですべての責任を架空のだれかに押しつける。

もしこれが「うまくもあり、まずくもあり」では問題になるけれど「好きな人には」と逃げを打つことで逆にその場がなごんでいく。

一般論にすり替えると悪口も反感を買わない、と前述したが、これなどは場を盛り上げて万事を円満に解決していくという意味ではさらに前向きで積極的な例ではないだろうか。

「好きな人にはたまらんでしょう」、この一言は、その後ボクもちょくちょく使わせていただいている。

「人前で話す」は一人に話すこと

人間の良し悪しはともかく、こと話術に関してだけ言えば、ボクが大変尊敬している人物がいる。あの田中角栄。没後20年以上経った今なお、人気が衰えないのもよく分かる。とにかく、このお方の人をひきつけるテクニックは抜群だった。

選挙戦たけなわのとき、渋谷で街頭演説があった。当時の社会、公明、共産、民社と各政党がロータリーの所に集まって演説合戦をやっていたが、あいにく外は小雨まじりで、皆傘をさして足早に歩いてるからだれも演説など聞いていなかった。

ところが田中角栄は、じっと自分の出番を待って雨が強くなり（もう限界だな）と思った頃合いを見はからっておもむろに白い手袋をはめるや、その手でぱっとマイクをつかんで、第一声。

「東京には空がない！」

こう叫んだ。他の政治家が「えー、私は……」と切り出す中で、田中角栄は「空がない」と入った。これがあまりに意表を突いたものだから、通行人も思わず立ち止まり、傘を外して空を見上げてしまった。一瞬、（本当に空がなくなったのか）と幻惑させるぐらいの大声だったのだ。（なんだ、ちゃんと空はあるじゃないか、びっくりさせやがって）と通行人が安心したあたりで、

「だって空がないでしょうが、あなた」

と、今度はたまたま通りかかったひとりのおばあさんを指さして語りかけた。話しかける対象をマスから急に一個人に、「皆さん」から「あなた」に転換させる。これもトリッキーで、ものすごく効果がある。

「だって東京には青空がないじゃないですか、あなた」と演説は続く。

「私の故郷・新潟では、いまだに青い空が広がっています。それなのに東京は光化学スモッグをはじめとして、空らしい空がないじゃないですか」

でも、その日青空がないのは当たり前。だって雨が降ってるんだし、新潟はいつも青空だって言うけど、雪国なんだから曇天だっていっぱいあるはず。冷静に聞くとイイ加減なことだらけ。でも意表を突かれてしまった人には、もはやそんなささいな（?）ことはどうでもよくなってしまう。（そうだ、たしかに東京には青空がないよ）と角栄節に共鳴してしまう。そこをすかさず、浪花節《なにわぶし》口調でたたみこんでいく。

「東京に青空をとりもどしたいと思いませんか。それができますか、社会党や共産党や公明党に。それをできるのは自由民主党しかないじゃないですか。ねえ、おばあちゃん」

おばあちゃん、傘をさしたままうなずいている。思わず気《け》おされて「うん」って言ってしまったわけ。すると、その場にいた他の人まで（やっぱり、そうなんだ）と大いに納得。

この例でも顕著なように、演説のうまい政治家ほど、多人数の前であっても一対一の図式を見事に利用する。つまり、偶発的に「サクラ」をつくり出してしまうのだ。

大勢の人の前で話してるとき、だれでもいいから個別のだれかを選び出し、その人に直接語りかけるというのは、実はスピーチの最重要テクニックで、たとえ百人対一人、千人対一人であっても、気持ちのうえでは常に一対一のつもりで話したほうがいいスピーチになる。

一人で百人を相手にしなければと意識過剰になって取り組むのは、旧来のＮＨＫの司会のスタイルであって「今日は埼玉市民会館からお送りします……」とあちらこちらの観客に話しかけていたのは、まだＴＶの存在自体が珍しくて観客も「街にＴＶが来る」と大騒ぎになっていた時代の話。

たしかに当時は観覧希望のハガキが殺到しただろう。観客は、歌手やタレントを一目見ようと、異様な期待に胸を高鳴らせていたろう。だからアナウンサーの態度も、会場の全員に対して一対百、一対五百の意識で向かっていた。〝気配りのすすめ〟なんて旧態依然とした大きなお世話的戯言を平気で他人に押しつける人が出てしまったのも無理はなかった。

（ごめんなさいねー、私たった一人しかいないんですよ、本当にすいませんねー、大勢つめかけていただいたのに、ささやかでちっぽけな私が皆さん全員をお相手して……いえ、もちろん、そんなこと言えた柄じゃないですけど、その分一所懸命気をつかいますよ、本当に皆さん、お忙しいところ、皆さんようこそ）

ＮＨＫのアナウンサーならば許されるけど、もしボクが自分の講演会などでこんな態度を見せたら、聴衆は（バカ言ってんじゃねーよ、何もそこまでオマエに期待してないよ。早く普通に話を始めれば？）と見透かされてしまう。

壇上に立つほうは知らず知らずのうちに「客は」「客は」と十把《じっぱ》ひとからげに考えているけど、客にしてみれば自分は自分、他人は他人。当たり前のことだけど、そう考えている。観客が千人いるからといって、何も千の頭がつながった一匹の怪獣ではないわけで、同じ客席に座ってるからといって別に肩組んで連帯してるわけでもない。

そんな相手に向かって、やみくもに八方美人の態度をふりかざしても、それはスナックのママが客が入ってくるたびにお愛想を振りまくようなもので（けっ、どうせ商売だろう）と見透かされてしまう。ところが（商売なんか関係ないんだってば）という態度でホステスに一時間以上ついてもらえたら、客は（よーし、この店、もう一回来よう）と思うのだ。

また、喋り手の心理から言っても、絶対に一対一のつもりで話したほうが喋りやすい。これは経験上確信していることなのだが、壇上にあがると同時に、聴衆の中から、だれか気に入った相手を選び出して（もちろん、男でも女でもいい）、終始その人を意識しながら、その人に向かって話しかけるつもりで喋ると、まちがいなく満足したトークができる。反対に、自分でも目線が定まらず、観客が一つの塊に見えてしまったときは出来もボロボロになる。

たった一人で大勢の客に向かい合って、全員に平等に話しかけ、しかも全員を圧倒して説得してしまえる芸当なんて恐らく世の中には存在しない。あっても、それは新興宗教の教祖様とか、あるいは演劇やロック・コンサートの場合であって、一般的なレベルでのおしゃべりというのは、徹頭徹尾一対一で始まって一対一で終わるもの。

スピーチであっても講演であっても、あるいは会議の場であっても、成功への近道としては、まずだれか一人を選び出して喋る。そうすると他の人は、その一対一の会話を横から盗み聞きしているような構造になり、さらに身を乗り出して話に熱中してくれるだろう。それで押しつけがましい印象も感じないし、第一喋ってる当人が気楽になれる。（この人に一番この話を聞いて欲しい）というだれか特定の人を想定すれば、スピーチの具体的な内容まで自然と決まってくるし、実際に喋る時点でもプレッシャーにつぶされないですむ。

まんべんなく一人一人にわかるように説明するというのは学校の先生が授業のときに心がければいいことだ。何も我々が日常で〝二十四の瞳〟を意識することはない。それに、授業の上手な教師ほど、その時々で、必ず一人の生徒に向かって話しているのがわかるはず。

一対一はすべての会話の基本。まただからこそ、プロの喋りのテクニックから、素人も学ぶことができる。なぜなら、本当に話の上手なプロは、絶対に一対一の原則を忘れていないからだ。その意味ではプロのスピーチは、日常会話でも必ず応用できる。〝今こそプロのテクニックに学べ〟〝今こそプロのテクニックを盗め〟なのだ。

必ず落ちる、言いくるめの完全話術

田中角栄の演説のすごさは、一対一で話しかけるうまさ、トリッキーな場面転換で意表を突くうまさ以外に、「理屈よりも心情に巧みに訴えかけるうまさ」でもあった。

彼は新潟で演説をするとき、

「幸せ薄かった雪国の皆さん！」

と呼びかけたりしたこともあったという。この最初のフレーズだけで、もう選挙民のハートをギュッとワシづかみにしてしまう。選挙の中でそうした心情論をふりかざすことの是非は別として、「理屈よりも心情に訴えたほうが勝ち」は多くの場合に当てはまる。浪花節とかお涙頂戴というパターンは、もうカビが生えてしまって現代には通用しないと思われがちだけど、たとえばお涙頂戴という言葉一つをとっても、別に泣いても悲しんでもいない人をつかまえて泣いてもらうわけだから、それなりに大変な芸当だ。

よく「もらい泣きする」と言って、アカの他人の関係のない話に涙しながら（私はこんなに涙もろいのよ）と威張ってるオバサンがいるが、実際は逆であって「もらい泣き」には必ず「誘い涙」が必要なわけで、その「誘い涙」を上手に演出できる者こそ相手の心を巧みに読めるしたたかなやつだ。涙もろいオバサンからは何ら学ぶものはなくても、誘い涙を巧妙に流すしたたかなやつからは、こちらも抜け目なくテクニックを盗ませていただこう。

たとえば昔の万年筆売りの場合。

香具師《やし》がいにしえの時代、街頭に立って売っていた万年筆ってのは、わけのわからない、一回使えば壊れてしまうようなチンケな代物を大嘘こいて売るわけだけど、路上に集まった野次馬の中には、小学校に上がったばかりの子ども、もうすぐ中学生になる子どもが交じっていて、自然と前面に立つようになる。下手な香具師の場合は、短絡的に子どもばかり狙い撃ちして「ほら、これはいいペンだろ」の一点張り。

ところが年季の入った名人クラスになると、実に周到なトリックを張りめぐらせる。すご腕の香具師は、子どもを主役に見せかけながら、最終的に子どもの背後に立っている親にターゲットを合わせてくる。つまり、お金を出す親の心理を緻密に計算しながら話をすすめていく。

「もっとお子さん、前のほうにいらっしゃい」

「ほら、そっちのお嬢ちゃんも」

「お坊ちゃん、もうすぐ中学校へ上がるんだろ。ちゃんと聞いといたほうがいいよ」

とか言いながら、親が一緒に近づいたのを確認してから、急に大声を張りあげる。だれもがびっくりするほどそれはすごい大声で、中空を見上げながら口上を始めるわけ。

「今まで日本には三大万年筆と称しまして……」

と独特の節をつけてがなり出す。そこから柔らかいトーンで今度は子どもの顔を見ながらいたわるような調子で、

「サンエス、ウォーターー、パイロットと高いお値段を出さなくちゃ買えないような万年筆がたくさんございました」

子どもをいたわるようにそう言うものだから、親はちょっとうしろめたいような気分になり（そういや、まだウチの坊主には万年筆の一本も買ってやらなかったよな。しかし、ホントにちゃんとした万年筆ってのは高いしなあ）とフト考える。そこにつけこむかのように、香具師は再び語気を強める。

「しかし！　一円も二円も（その当時だから）出して、文房具屋さんで買う万年筆。これはいくら高いっていったって」

そのあたりでは、香具師はもう完全に親の顔を見ている。

「いくら高いっていったって、ペン先が折れた欠けたでは何の使い道にもならん」

親は思わずうなずいてしまう。

（そうだな、たしかに高価な万年筆買っても、ペン先が折れたら終わりだよな）

そこには幾分（だから万年筆なんて子どもにはまだ早いんだ）という、当初のうしろめたさをかき消す安心感が混じっている。

その直後、香具師は例のうさんくさい万年筆を出す。で、すかさず次の口上へ。

（ほーら出やがった。そんな得体の知れない万年筆なんて信用ならない。パイロットのほうがいいに決まってる）と親が疑い始める間も与えず、万年筆についての口上を言う。

「そこで北海道十勝の国

石狩川の上流に研究所を設けた

神田の工学博士

北村ヨシオ先生が……」

その節まわしと朗々と響き渡る大声に、親は（なんだなんだ、こいつは）と動揺し始める。

「……北村ヨシオ先生が

三年八カ月という長い間
研究に研究を重ねまして
ロッポウ石に硅石《けいせき》の粉末合成
千二百度以上の熱をこめまして
引きのばしました
硬質ナトリウムペン！」
と、その万年筆をグイッと親の鼻先に突きつける。親はもう完全に気おされた状態に。
そこでとどめの一言。
「これはどーんなに強く書いたって
ペン先が折れたり欠けたりということが
ない！」
そこで急にふわっと声を和らげて、
「ちょっと、お坊ちゃん、手にとって書いてみなさい」と次は一転して再び子どものほうに向かう。そこからは親と子どもに交互に向きながら、最終的には親を納得させ問題の万年筆を買わす。素晴らしいのはそのとき、親を圧倒するだけでなく、親子ともども幸福な気持ちにさせてくれること。

同じ大道芸では人形売りもそのパターン。やはり前面に子どもが立ち、そのすぐうしろに親が立つ。

「ね、お嬢ちゃん、このお人形見てごらん。一本どっこの帯締めて、りりしいだろう？この女の子の人形はどうだ。おや、顔が似てるなあ」

はしゃぐ娘を見ている親は、やっぱり嬉しいわけ。子どもを連れて縁日に来たときの親の気持ちなんて今も昔も変わらない。何につけても、子どもが喜ぶのを見るのが一番うれしい。

（縁日に親子で来られるなんて、ウチもやっぱり幸福じゃないか、カアちゃん）

（そうよ、幸福だよね）

親は最高にホットな感じになっている。またそういうときだからこそ、なけなしの金をちょっとでも出して人形の一つでも買ってやろうかという空気が生まれる。子どもに対する温情ではなく、つきつめれば自分の幸福確認なわけ。

（おまえ、どうする？）

（そうね、せっかくだから一つ買ってやってもいい？）

そのあたりの機微を香具師は巧妙に読んでいるから、さりげなく子どもに向かって、

「一つだと三〇銭だよ、お嬢ちゃん。対《つい》にすると五〇銭。こうやって並んで歩かしてみなよ、夫婦で」

形の上では子どもに向かって言ってるけど、標的は完全に親だ。親の心情を狙い撃ち。こうなると親は弱い。

（やっぱり男と女ってのは対なのよね）

（対で安くなるんだったら、この際買ってやろう）

と、子どもに五〇銭渡して人形を対でお買い上げ。これはもう、絶妙な完全犯罪で、人形が夫婦の写し絵みたいになっていて表面上の主役と脇役、影の主役と脇役が万華鏡のように入れかわる、複雑な二重構造になっている。

一対一の原則を巧みに逆利用した、一種の乱反射方式ともいうべきスタイルで、これをどう普段の会話に生かすか、その可能性は無限といっても過言ではないだろう。

Chapter 4

自分を好きにさせる〝口説き〟の面白アクション

その気にさせたセリフ、ヒジ鉄をくらった会話例

「男と女の間から言葉が生まれた」というぐらい、恋愛においては言葉が重要な要素だ。「愛する二人の間に、言葉なんていらないさ」とか言うキザなやつがいるけど、「言葉なんていらない」と言ってるそれ自体が言葉なんだから世話はない。

男も女も異性にもてたい。甘い会話を交わしてみたい。しかしもてるやつはもてるやつ、もてないやつはもてないやつで、真っ二つに分かれるのが世の常。いやー、ボクなんか本当に暗かった。その暗かった反動でおしゃべりになったといっても過言ではない。

特に若い頃ってのは、中に内蔵されてるハートよりもルックスやファッション、脚が長いとか短いとか、そういう見た目で判断されるから、外見に自信がないとその時点でアウトと思いがち。もてなかったボクは、コンプレックスの塊だった。女の子にふられ続けるたびに、いっそ変質者になってやろうかと考えたくらい。

でも、生まれてきたものはしょうがないし、急に高須クリニックとか十仁病院に行けばいいって問題じゃない。やはり神様からもらったものは大切にしながら、会話のテクニックを磨いていったほうが前向きである。

そうやって努力を続けるうち、「もてる」、「もてない」の分かれ目は、実は言葉の使い方にも大きく関連しているという発見に突き当たったのであった。

奥手でもてなかったボクは、シャレた言葉を使いこなせば恋愛はうまくいくと信じていた。

大学一年生の時、二歳上の女をドライブに誘って、何とか念願のキスに持ちこもうとグルグル回ったあげく、青山墓地にたどりついた。恋愛映画を参考にしながら会話のやりとりまで想定し、完璧な予定台本を頭にたたきこんでいった。

ところが、いざ現実になってみると、のっけから相手のセリフが予定と違う。

「寒くない?」

「今、夏よ」

季節を超越した台本をつくってしまったことに気づいたときにはもう遅かった。でもこちらも必死だから、痛烈な先制ジャブにも動じないフリをして、なおも食らいついた。

「夜空がきれいだね。……(間)……あの星がきみの星かな」

「アタシ、宇宙人じゃないわよ」

用意したセリフが、ものの見事に全部はずれていく。今にして思えば、その女はリアクションの達人というか、絶妙な切り返しをしているんだけど、当時はそんなことを観察してる余裕もなく、四苦八苦しながら何とか無理矢理キスシーンに持ちこんだ。そこで予定のシナリオの最後のセリフをつぶやいた。

「ごめんね。後悔してない？」

女は静かに目を開いて言った。

「早く大人になりなさい」

死にたいくらいに恥ずかしかった、十九のファーストキスの想い出である。

この日以来、ボクは無我夢中で会話のテクニックに本気でのめり込んでいったのだった。

この女に話を合わせたらどんなヤツも恐くない

最近、酒場などで聞き耳を立ててると、若い男がやたらと女の話に合わせてばかりいるのが耳につく。

女が流行りの音楽の話をすれば、

「そうそう。オレもさぁ」と相槌を打ち、

女が車の話をすれば、

「わかるわかる、その感じ」

女が映画の話をすれば、

「あ、同じ同じ」

女が家族の話をすれば、

「へェー、そうなんだ、じゃオレと共通点あるね」

しまいには女の美容院の話や関係のない友だちの話にまで身を乗り出して、一所懸命聞いている。完璧に女が主導権を握っていて、男はキャッチャー役にまわりながら「わかるわかる」「そうか、そうなんだ」なんてうなずいているのを見ると、お前らそれでも日本男児かと情けなくなってしまう。


男と女は永遠に戦いなんだから、お互いの駆け引きがあって当然。なのに、これでは女の思うツボ。女に好かれたいのなら、なぜもっと効率的な努力をしないのか。好かれることが合わせることだと完全にカンちがいしている。


「アタシ獅子座よ」

「あっ、オレも同じ」

共通点さえ探せばうまく行くと思っている。

「ふーん、あなたO型なの。アタシA型よ」

「A型？　じゃ、すごく相性いいんだ。ね、A型の女の子って、○○○○なとこあるの知ってる？　で、O型の男ってのはオレみたいに○○○○なとこあるから、ピッタリ合うんだよ」

下半身の下心に仮面をかぶせて、都合よく話を合わせりゃ気を引けると思ってる。

「ああ、今日は盛り上げたぞ。今度、電話一本でのこのこ俺に会いにくる」

こういう男は、たちまち「もてない地獄」行き。どこかで考え方を変えない限り、一生モテキなどこない。

女は『Ｈａｎａｋｏ』じゃないけど完全取材、完全カタログの情報については敏感このうえないから、男についてもシチュエーションや言葉づらなどいろいろ頭にインプットされて耳年増状態になってしまっている。行ったことはないけどオシャレな店は詳しいし、持ってないけどヴィトンやエルメスのバッグに関しちゃ、やたらうるさい。

「いい男」に関する能書きを言わせりゃ、ペラペラペラペラ言いたい放題。そして、常に男を値踏みしている。だから実際にすり寄ってきた、現実につき合えそうな普通の男に対しては、徹底してなめてかかったりする。

「やだー、こんなの使えないわよ、アタシはエルメスのバーキンがいいの」

（そんなこと言ったってバーキンは百万以上するし、おまえにはこれがちょうどいいんだから）と言っても、

「ちょうどいいバッグなんて要らない。こんなのダサイ！」

とさすがに面前では言わないだろうが、内心では男を見下し、次の日から態度急変。いや、そのへん、女はシビアで残酷だ。

「休みの日、何してるの？」とか、

「ドライブなんか好き？」

牙をむいてるマネーの虎みたいな女に向かってそんなセリフ吐いちゃったりすると、もう本当に悲劇的。「ダサーイ」を通り越して、「こいつ、使えない」と追い払われてしまう。

ましてや、「どういうタイプの男が好き？」だなんて、そこで女が「うん、やさしくて頭がよくてセンスもよくて外車乗ってて家がお金持ちでスポーツ万能で外見はスラッとして身長は百八十センチぐらいあれば……」なんて答えを返してきたらどうするの？

「そうか……じゃ、オレなんてダメ？」なんて悲しそうなポーズつくって「ううん、そん

なことないわ」と女からフォローしてくれるのを期待したって、そんな女がフォローしてくれるはずがない。

かといって、バブル時代のトレンディー・ドラマでもあるまいし、

「このワインを飲み干して、そのグラスの底にエンゲージリングを落としてチャリンと音がしたら僕は君にプロポーズするんだ……」

とか訳のわからないことを言って、

「乾杯。君の百万ドルの唇に」

なんてグラスを持ちあげたら、確実に不気味がられて、椅子をツツーッと遠ざけられる。

ことほど左様にハナからハンデを背負っている男たち。一体どうすれば女になめられない話のふり方ができるのだろうか。ということで、ボクが考え出した手がこれ。

「休みの日何してるの？　なんて聞いたらダサイと思わない？」

「ほら、よくいるじゃない、ドライブ好き？　とかウザいこと聞くやつ。ところでドライブは好き？」

こう切り出せば、女は「何、それ？」と笑うので、とりあえずその場がほぐれる。そこを利用して「休みの日は何してるの？」「ドライブは好き？」とダメ押しで聞く。

まずはちょっとしたプロセスから入って、空気をなごませるという方法。自分から先手を打って「自分はダサイですよ」「ちゃんと自覚してますよ」という態度を見せれば、意外にすんなり許されることもあるのですよ、キミたち。

こんな駆け引き会話だけはやってはいけない

先の渡辺文雄さんの例は、

〝自分にはダメだけどだれか他の人には喜ばれるでしょう〟

という言い方だったが、一方、

〝自分にはいいけど他の人にはダメだぞ〟

という、同じ間接的言い方であっても、むしろ相手をさとしたり、注意するときに有効な言い方もある。

かなり前の出来事になるが、ボクが二十代の頃につき合っていた女性がいた。一年くらいつき合って、一時は結婚しようかなと漠然と考えたほどこちらも熱中したのだけれど、結局一年ぐらい経って別れることになった。

最後に逢った場所はあるホテルのラウンジ。

ボクはバカで、まだ二十代半ばのガキだったから、相手がさらに年下なのをいいことに、詭弁《きべん》だらけの別れ話を切り出した。

「別に冷めたわけじゃない」「お互いのためにも別れたほうがいいんだ」「好きだからこそ別々の道を歩む勇気ってあるはずだ」……etc。

愚にもつかない架空のたとえ話、「あるところにAという男とBという女がいて……」風の下らない例まで持ち出して、とにかく別れたいという内容の話をした。

（これは決してオレが心変わりしたのではなく、あくまで偶発的な外的要因によるアクシデントなんだ。でも、それを一概に不幸なものと決めつけず、前向きな転機として受け取ろうよ、お互い……）

終始、そんなきれいごとで逃げようとした。

相手を傷つけないためにも上手な別れ話をしなければいけない、何てったって自分は喋りのプロなんだからと考えるうち、いつしかボクは意識過剰になっていた。相手のことなど本当はどうでもよく、ただ心変わりした自分の後ろめたさをごまかすことと、言葉巧みに女を翻弄したいというダメな欲望むき出しで、最後はいっぱしのプレイボーイ気どりで幕を下ろす心境だった。

相手の女性は、そんなボクのいやらしい小芝居にも真剣に耳を傾けてくれ「そうだと思う」「私もそう思った」と、こちらの話に同意してくる。

（しめしめ、オレのセリフもなかなか堂に入ってるな）などと、最低のずるい気持ちになってほくそ笑んでいた。

予定のセリフをつつがなく演じ終えて（それじゃここでね）とラウンジを出て、左右に別れた瞬間、光線の具合で初めて彼女が涙ぐんでいたのがわかった。

「じゃあね、元気でね」と精いっぱい明るく手を振りながら、彼女は最後にこう言った。

「きょう言ったこと、私にだからいいけど……今度つき合って別れる人がいたら、絶対あいうこと言っちゃダメだよ」

ボクは痛烈なショックを受け、彼女の目を直視することができなかった。

全部見抜かれていたのだ。ボクの嘘を、ボクの計算を、ボクのいやらしさを、彼女はすべて見抜いたうえで、さりげなく話を合わせてくれ、非難めいた態度をこれっぽっちも見せず、きれいに別れたのだ。そんな男なら、ボクが女でも別れようと思うだろう。

ガツーンときて、すごいショックだったけど、ボクは今もその女性の一言に深く感謝している。

人間というのは、特に男と女の場合はわがままな動物同士のぶつかりあいのようなものだから、思っていることをストレートに伝えるよりは、ある局面においては見えない人物を想定した形で間接的に伝えたほうが、何倍ものインパクトで心に響くということがある。

（自分たちの仲だから許されるけど、他の人にはダメだよ。この空間、この場所ならいいけど、よそで繰り返してはいけないよ……）と、いったん見えないだれかに振って、（これは私とあなたについての話ではない、見えない人物とあなたとの織りなす関係について注意するんだ、だから気を悪くしないでね……）

自分こそ腹が立ってしかたがない、いわば被害者の立場でありながら、それでも最後まで相手を気づかうことを忘れない。そういうタッチの一言を聞いたとき、それでも自分が苦言を呈されたからといって怒る人はいないだろう。

でも、できるならばこういう一言を相手に言わせてしまうような自分であってはいけないと、そのとき痛切に感じたボクである。

Chapter 5

自分を出したいときはこの自己主張をやれば必ず勝つ

生意気な自分を面白く出そう

就職活動シーズンになるたびに、よく雑誌などで「採用面接で個性をアピールする方法とは?」みたいな特集が組まれて、奇抜なことをやって成功した例が出ている。

いわく、「森の石松がそこで……」って浪花節をうなって受かったやつがいるとか、人気アイドルの真似をして踊ったら受かったとか。

たしかにボクの知人にも、個性で勝負して受かったやつはいた。某番組制作会社で、そいつが入社試験を受けた年は競争率も何十倍、面接官も有名な演出家がズラリと座ってて、マスコミ志望の学生には最難関の一つだった。ところが、彼は、危ないくらい自信過剰な男で、しかも、第一志望は別の所だったんで受かる気もなく、完全に開き直ってしまった。

そいつが面接のときに何と言ったか。

面接官「キミはさっきからずいぶん生意気だけど、将来はどういうディレクターになりたいんだ?」

知人「あっ、その言葉、そっくりお返しいたしますよ。あなたは今後どういうディレクターをめざすか、逆に質問させて下さい」

そしたら受かってしまった。タイミングとか、言い回しが、あんまり絶妙だったから。だけど、これは例外中の例外。その男にしてからが、もし少しでも採用して欲しいという色気があったら、絶対言えなかったと明かしていたし、普通の人がこんな真似したら、その会社に落ちるのはおろか、警察に捕まるんじゃないか、ぐらいの冒険だ。

「個性の時代」なんて十何年も前からずっと言われ続けていて、就職の際にも個性をアピールしたやつが勝ち！　っていまだに都市伝説として語られているふしがある。

一般的には、無理に個性を出そうとしてるやつってのは、ほぼ全員、他人に好印象を与えていない。

面接官に食ってかかるやつ、前のめりになってるやつ、口とんがらかしてるやつ。そういうのは、浮いちゃうし、白白しいし、ウケねらいで終わっちゃう。だって面接官は、おおむね保守的なお年寄りなんだから。

しかも面接官、試験官ってのは、必ず意地悪な心理になっている。いくら会社の人事担当として、とか理屈を並べても、学生を見下ろしている構図は変わらない。なにしろ、選ぶ立場なんだから。基本、品定めなのだ。

本当にそうですよ。ボクもテレビ朝日の社員時代、お手伝いでアナウンサー試験に立ち会ったとき、ハッキリ言って、気分よかったもの。基本的に人間ってのは、自分が先輩の立場だってのは嬉しいものなのだ。

で、面接に立ち会いながら、「あっ、こいつ緊張してて可愛いな。こういうやつが入ればいいのにな」とか、「このヤロー、生意気だな」とか、いろいろ考えるわけ。たとえ表面上の態度は「まあまあ、そんなに緊張しないで」ってやさしく声をかけてても、それで相手がリラックスすると、（なんだ、こいつ。こういう場ですぐほぐれるなんて、うちの会社なめてんのかよオ）って思ってる。

「うちは歯車の一員になるイエスマンはいらないんだ」「生意気だと思われるぐらいの個性ある人材が欲しいんだ」……企業の、こんなお題目というか建前に振り回されて、貧乏クジを引かされるんじゃたまらない。口ではそう言ってても、「甘えるんじゃないよ、新卒なんて所詮は組織の歯車なんだから」。これが本音なのだ。

そんなしたたかなタヌキの前で、個性、個性と叫んでも無意味なだけ。

第一、忙しい重役連中であれ部長クラスであれ、たった五分間の面接で、一人一人の個性なんてだれが汲みとれますか？

そんな状況で、〝個性〟なんかにこだわると絶対負けだ。何とか自己アピールをしなきゃって使命感で猛《たけ》り狂っても、独り相撲で終わってしまう。

個性とか人格とかひとまず置き、まず〝印象づけ〟に細心の注意を払うことが何倍も重要だ。

面接で失敗する人ってのは、〝個性〟に執着するあまり、自分が相手に与える印象というのを読んでいない。たとえば、ものすごく緊張してるのに、緊張してしまった自分を隠そうとして、よけいな無謀な態度に出たり、生意気な物言いをしてしまっているのだ。

そんなときは、ズバリ「ちょっと緊張してまして……」と、まず自分から打ち明ける。逆宣伝っぽくなるかもしれないけど「自分は緊張してるんだ」ってことを、堂々と訴えることで、自分も楽になれるし、相手にも好感をもたれる。一石二鳥のいい印象づけの第一歩となるのだ。

第二印象の切り札

「間」というのは不思議なもので、たとえば電話の呼び出し音は、「トゥルル……」と鳴っているときのほうが長く、鳴っていない間のほうが短く感じられる。ところが実際は、鳴っていない間の時間のほうがコール音の時間よりも長いのだ。それが錯覚によって「トゥルルルルル」「……」「トゥルルルルル」「……」と、沈黙の時間のほうがやたらと短く感じられる。実は間はとりすぎかな？　ぐらいつくってはじめて丁度よい間となる。

そんな心理的な錯覚というか、人間の感覚器官の誤差を考慮していないばかりに、何の過失もないのに手痛いダメージを受けることがある。

その最たるものが、面接官の質問に答えるときの「間」。非常に細かい話になるが、質問を聞いたあとで、十分な間をあけずに答えてしまうと、面接官の印象を悪くする。別に言葉尻に重ねて答えたわけでもないのに「このヤロー、オレが質問を言い終わる前に答えやがって」と思われてしまうのだ。実際にはちゃんと最後まで質問を聞いて普通に答えているのに、質問をしている当人の耳には重なって聞こえてしまうのだ。

F1のスタートでシグナルが赤から青に変わってから車が出ているのに見た目にはフライングに見えてしまうのと同様に、自分では十分すぎる間をあけたつもりでも、フライングにとられてしまう。「こいつ、人の質問をロクに考えもせず答えやがって」と、あらぬ疑いをかけられるのだ。そうならないためにも、用心に用心を重ね、質問の意味をジッと噛みしめるような仕種をつけて答えるのが、おすすめの方法だ。

さらに言うなら、質問に対して、あまりにテンポよく当意即妙に、ポンポンと受け答えするのも考えものだ。

質問されて答えがスッと出てくるのは、本当は機転が利いてて良いことに違いない。転職経験がある人や、新卒でもたくさん会社を回った人だったら、だいたい向こうの聞いてくることが予測できるわけで、質問にテンポよく答えたり、自分でセールスポイントをどんどんアピールしたくなるのも無理はない。

ところが、ここでも本音と建前のギャップというか、大いなる矛盾があって、本来は面接を受けに来ている就職希望者が主役であるべきはずなのに、面接官の潜在意識の中では自分たちのほうが主役になってしまっている。本来は端役《はやく》であるはずの面接官が、採用面接の場を自分の晴れの舞台だと思いこんでしまう現象が起こる。

だから、質問にポンポンと答える相手に反感を覚えたり、訊いてもいないことを先取りして答える学生を苦々しく思うのだ。

極論を言うと、面接官は人の話を聞くよりも、本当は自分が話したくてたまらない人種なのである。人生の先輩として説教でもたれてやりたいけど、さすがにそこまでできないから、その代わり精いっぱい質問に工夫を凝らす。大げさな言い方をすれば、質問に命を賭けている。

履歴書をジーッと見ながら、熟考の末に、

「えー、キミはここにあるけど、スポーツは……」

と、一見つまらない質問をする。が、そんなときに、フライング気味に勢い勇んで、

「はい。ラグビーをやっておりまして、東大戦でぶつかったときの想い出は、今でも青春の勲章として……」

なんてさえぎってしまうのは最悪のパターン。履歴書にラグビー部にいた、とちゃんと書いてあるんだから、向こうが質問してくるのをジッと待つ忍耐が必要だ。そういうポイントは必ず向こうから訊いてくるんだから。さっきの例だと、

「ふーん、スポーツはラグビーやってた、と。ま、青春時代をラグビーに費やして、今どんな気持ち?」

もしかすると、ここまで面接官は言いたかったのかも知れない。そんなときこそ、十分な間をあけて、

「…ええ。あのー、そんなにボクは最後まで突きつめてはいませんでしたが、ただ……」

と、必ず（たいしたものではありませんよ）と前置きをしてから、次に、具体的なエピソードを話す。訥々《とつとつ》とした口調のほうがベターなのは言うまでもない。

「この前、菅平《すがだいら》に行ったとき、試合中に肩を脱臼しまして……、そのとき先輩が魔法のやかんを出してくれて、ぶっかけられた肩口にひんやりとした水の感触……これだけは……忘れられないです」

こんなふうに話せたら、もう最高の出来ばえだ。逆に損なのは、「ラグビーで養ったチームワークの精神と……」なんていう抽象的な答え方。別にダメというわけじゃないが、似たような答えがすでに出ている可能性があり、面接官へのインパクトに欠ける怖れがある。

抽象論で飾るよりは、できれば、今あげたような具体的な出来事のほんの一コマを示したほうが効果がある。というのも、長々といろんな要素を連ねるより、視覚的な想像が広がるような、頭に絵が浮かぶ話をポンとしたほうが印象が広がりやすいからだ。厳密に言えば、「ラグビーをやってきた感想は？」と訊かれているのに、この答えだと感想にはなっていないのだが、その一コマから推理して、（なるほど、素晴らしい感激があったんだろうな）と、面接官に勝手に解釈させることができるという意味において、具体的エピソードは彼らの意地悪な要求をクリアしやすい。質問をした面接官も、「素晴らしい答えを引き出せた。質問した甲斐があった」と大喜びするはずだ。

こうなると、面接官もつい調子に乗って、建前上は端役の立場だというのも忘れて、

「……そうか、君もか。いや、実はボクもラグビーをやってて、菅平に行ったことがあってね……」

などと得意げに語り始めて、途中で（いかん、あんまり主役になり過ぎては）とブレーキをかけ、ニンマリ笑って引っこんだりする。でも、そのくらいのやり取りが一番理想的だ。そこまで持っていくのは、ちょっと困難な気がするかも知れないが、面接官とて人間、想像以上に感動に飢えていたりするから、決して特殊なケースではない。

採用面接でつけ加えておきたいのは、面接官の質問には、あえて全部答えないほうが得な場合があるということ。

自分なりに（もう効果的な答えが出せたな）（これ以上、能書きを言うと喋りすぎになるな）と思ったら、残りの質問項目のうち、わざと一項目ぐらいは「そのへんのところはよくわかりません」と言い切るべし。

常識的には、質問に答えられないやつはバカだと思われがちであるが、その前の質問にうまく答えていれば、逆に（こいつ、正直だな）（自分の苦手な面を潔く認める。なかなかガッツがありそうだ）と好印象を与えることになる。あるいは、「あえて自分は答えないのだ」というミステリアスな自信を見せつけることで、（うーむ、奥が深そうなやつだ）と印象づけることもできる。

同様に、自分のウィークポイントを突かれた際の受け答えに関しても、対応次第で、素晴らしい見せ場を演出することも可能だ。

「ところで、君、成績はずい分、Cが多いようだけれど」

と面接官に訊かれたとする。そんなとき最悪なのは、必死でフォローしようとするパターン。

「いや、それは私がですネ、えー、本当に社会勉強だと思ってアルバイトに励みすぎてしまったためにですネ……」

これではいけない。（けっ、バカな言い訳並べやがって）と面接官に見透かされてしまう。そういう小ずるさにおいては、向こうのほうがプロだから数段上なのだ。処世術のプロの心情に訴えるのは、やはり熱心なアマチュアイズム。弱点を突かれたときは素直に顔を赤らめ、恥ずかしそうに申し訳なさそうに「はい……」と一言で認める。ひたすらいじらしく、うつむき加減に「はい……」と答える。

こういう態度は、年配の面接官に好感を持たれる。絶対に悪い印象は与えない。普段から、口には出さないまでも「今どきの若いやつは……」と必ず不満を持っているはずだから。

時代のトレンドが急速に変わっていく中、古い価値観と新しい価値観が衝突し、あたかも古いものは淘汰されつつあるように見える。だが、変化しているのは仕事の内容とか企業のやり方だけであって、働いている人間の意識構造は、それほど変わってない。

お店にたとえると、室内の装飾は時代とともに何度も改装されているけど、採用試験という入り口の扉は、今も昔も同じなのだ。流行やトレンドとは無縁の範疇《はんちゅう》だからこそ、その入り口に突飛なものを持ちこもうとしてもうまくいかずに門前ばらいを喰うのは当たり前。

今どきの若者のノリからすれば、一見古風なぐらいのスタンスが、ちょうどフィットすると考えて、まず間違いはない。

まわりが喰われる人間の常套手段

いくらおしゃべりが苦手だと思っている人でも、人前で自分の言葉を印象づけなきゃいけないときってのがある。たとえばサラリーマンでいうと、会議だ。

「一対一のおしゃべりも苦手なのに、まして会議なんて……」と心配する気持ちもわかる。だが実際には「結構おしゃべりには自信があるし、会議で発言するのは嫌いじゃないよ」と言ってる人のほうがむしろ、自分でも気づいていない過ちというか、失態を演じてるケースが多いのだ。

特にカンちがいが激しいのは、自信過剰タイプ。

とにかく、オレはヤリ手だという自負が強く、かつ「出来るヤツ」ということをアピールしたくてたまらない。たしかに言葉は淀みなくスラスラ出るけど、実際にそのおしゃべりがどれだけの効果をあげたかについては、驚くほど無頓着だったりする。

こういう男が会議に出ると、とにかく先陣を切ろうとする。「では、まず私から発言させていただきます!」ってヤツで、例によって元気満々の大声で口火を切る。

これは損なのだ。もし、会議で目立とうと思うのなら、先頭バッターになるのは避けたほうがいい。

ちょっと意外に思われるかも知れないが、会議の最初の発言者というのは、ほとんど印象に残らないものなのだ。

イメージ的には、最初に口を開いた者が上司の目にとまって「あいつ、なかなか機転が利くな」と、あとあとまで心証をよくするんじゃないか、そんなふうに捉えられている。

たしかに、まっさらな状態で最初に発言するのは、何番目かに発言するよりもインパクトがありそうだし、順番が後になるほど、聞いてるほうも飽きてしまうんじゃないかという気がする。

でも、トップバッターがオイシイという発想は、会議じゃなくて、オーディションの際のセオリーなのだ。

ミス・ユニバースのオーディションなら、審査員もやはり人間だから、一番初めにパッといい女性が登場したら、印象は強烈だ。これが百番目だと目が肥えてくるし、どうしたって最初の新鮮な感動と較べてしまう。もし寿司を何十個も食べなきゃいけないとしたら、どう考えてもスキッ腹で食べた最初の一個が最高においしかったと感じるはずで、何個も何個も食べちゃったら、食傷気味でゲップが出てしまうのと同じ理屈だ。

だけど、それはオーディションのときに成立するセオリーであって、会議においては皆で意見を言い合うから、意外に、先行型は印象が薄いのだ。一方的なやりとりしかないオーディションと、相互的な意味交換の場である会議を混同するのは、大変な誤解だとしか言いようがない。

その意味では、会議で発言する順番は、オーディションとはまったく逆で、後であればあるほどいい。

ところが、ほとんどの人が、最後ではなく真ん中あたりで頑張ろうとする。

会議の途中で、前の人の発言を取り上げて、「いや、そうじゃないと思うんです、私は」と反論したって、話の中継ぎにはなっても、所詮は潤滑油的な役割しか果たせない。橋渡しはしているけど、つなぎはつなぎ。絶対、リレーのアンカーのような目立つ感じにはならない。

自分で「会議は苦手じゃない」と自負している人に意外と多いのが、中継ぎさえやっていれば上は評価してくれる、と虫のいい解釈をして安心しているこのタイプ。そんなの、いちいち評価しませんよ、上司は。競争社会はもっと熾烈《しれつ》なはず。

同じ中継ぎでも、もっと悪い例になると（実際には、このタイプが一番多いのだが）、牙をむいたり反論する自信もないものだから、とにかく他人の発言の尻馬に乗って、「そうそう、私も同じようなことを考えてたんです」とか、「今の話だったら、非常によくわかります。実はボクにも……」とか、かぶせてくる。

これはもう完全につなぎのためのつなぎで、「発言した」という既成事実だけで自分は満足しているけれど、何も印象づけていない。これでは、とても喋り上手とは言えない。

会議とは、そうやって自信のない人たちが中をつないで行くのだから、できれば自分は手ぐすね引いて、発言のチャンスは最後に取っておいたほうがいい。

そこを押さえておけば会議の流れも読めてきて「こういう反論をしたらおいしいかな」とか「この流れでは、こういう同意の仕方をすればウケるかな」とか、自然にわかってくる。

自信のない人は、会議というと自分が試される場だという頭があるからガチガチに緊張してしまうが、その場で自分が勉強できる場だと考えると気も楽になる。

先陣を切ったり、中継ぎでイイとこ見せようという人は、試される場だ、オーディションだ、という発想しかないから、会議の前に勉強してくる。で、せっかくの勉強の成果を作戦ミスによってすり減らしてしまう。

ところが、ずーっと聴いてるだけのダンマリ作戦を使えば、その場で労せずしてすごく勉強していることになる。勉強したうえで最後に意見を出すのだから、そりゃ説得力がある。おいしいですよ、これは。

発言が一巡するまで待ったうえで、

「さきほどからいろんなお話が出てますけど、ボクはちょっと言っておきたいんです」

と切り出せば、皆「えっ、何?」って、とりあえず聴き耳を立てる。内容はどうであれ、今まで黙っていたやつが、最後に口を開いたってことだけで、ものすごい存在感をアピールできるのだ。

その際、念を入れるとすれば、

「ちょっと、それるかも知れませんけど」

と言って枕をつけて(大した話じゃありませんよ)と自分で先手を打つ。そのうえで、最近の自分の体験談を話せば、絶対にバカ受けする。歳とった上司などは、

(うーん、そういえばオレも外回りのころ、そんな体験があったなあ)

(なるほど。うむ、百の資料より一の実体験とはよく言ったもの)

(そうそう、会議はやはり、こういう生きた血の通った意見が出なきゃ)

と必ず評価してくれるだろう。内容の良し悪しは二の次なのだ。

さらに理想を言えば、会議が終わりかけて「じゃ、今日はこのへんで」となったときに「ちょっと待って下さい」と初めて口を開く。その一言で、先行型や中継ぎ型のそれまでの頑張りを、一気に吹き飛ばしてしまえる。

会議に、先行逃げ切り型などあり得ない。あとからスパートをかけたほうが、絶対に得なのだ。最後に勝負をカッさらう気で、気の利いた体験談（創り話でも構わないのだ）をじっくり組み立てて待っていよう。

謝り方は手順がすべて

仕事でミスを犯し、それを上司に報告する場合にも、謝罪のテクニックを知らないばかりにますます上司の怒りを買ってしまう若者が多い。

実はTV局の新人アナの頃のボクがそうだった。正しい自己アピールの仕方をまだ理解する前だったから、先輩アナにミスを報告するときも、最初に必ず弁解から入って大失敗をこいていた。

「えー、あのリポートに関して致し方なかった部分は、○○○○○のいきさつがあったからでして、自分としましても××××××したほうがいいだろうとの判断から△△△△△△と喋った訳でして……」

こんな感じで釈明するものだから、先輩の顔がみるみる紅潮して、あげくは湯気を立てんばかりの勢いで、

「バカヤローッ！　弁解ばっかしやがって。プロの職場ってのは、結果がすべてなんだぞ！」

と怒鳴られてしまう。こうなってしまうと、どう取りつくろっても、泥沼にはまるだけ。

「ええ、たしかにそのとおりです。そういう意味では、すみません」と、狼狽《ろうばい》している分、「そういう意味では」などとよけいな挿入句まではさんでしまい、まったく口答えしているつもりはないのに（この野郎、口答えしやがったな）と、あとあとまで上司の不興を買う破目になる。

このままでは下手をするとアナウンサーでやっていけなくなると恐怖したボクは、自分なりに時間をかけて、今までの失敗例のどこがまずいのかを分析してみた。そうすると、すべての原因は話の順序、話の構成にあったということが判明した。

ボクに限らず人間だれしもプライドを背負って生きているから、潜在意識としては、な

るべくなら自分の非を認めたくないし、人に頭を下げたくない。そういう気持ちをコントロールできないから、どうしても弁解から入って謝罪は最後になる。しかし、よくよく考えてみると、ミスを報告される側は、謝るほうとは逆の心理に立っているはずなのだ。

つまり上司としては、部下のミスは自分の責任であるから、そういう報告はできれば聞きたくない。だけど、どうしても聞かなければならないのならば、せめて部下には謝罪から入って欲しいのだ。そのほうが、心の準備が整う分だけ、あとの対処もしやすくなる。（おや？　悪い話のようだ）と構える分だけ、心理的な抗体が立ち上がって、最悪の事態まで予測して覚悟を決めることができる。生理的に負担がかからないのだ。

だから謝る側も、そうやって上司に緊張感を走らせたうえで、いきさつを報告したほうがよい。

「すみません。本当に百パーセント、ボクがいけないんです。実は○○○○の件で△△△の過失を犯しました」

聞いている上司の側は、あらかじめ覚悟を決めているから、報告を聞き終わったら、どんなイヤな内容であれ、とりあえずホッとする。これがもし、先にあげた例のように弁解とか事実経過から入ってだんだん悪い話になっていくと、寝耳に水で「なんだとォ〜!?」

となってしまう。驚きと怒りで興奮してしまった相手には、あとから必死でフォローしようとしても時すでに遅しである。そうならないためにも、まず最初に謝罪しておくわけだ。

そして、謝る側が次になすべきことは、徹底した自己批判を行うこと。自分のことだからといって決して容赦せず、とことん手厳しく、マゾヒスティックなまでにあらゆる角度から自分をけなす。

「ボクには弁解の余地がありません。○○○の面からいっても△△△すべきだったし、××に関しても□□□の判断を仰ぐべきでした」

そこまで言えば、上司のほうが逆にフォローしてくるケースがある。いましがた緊張して、そのすぐあとでホッとするという段階を経ているから、上司は普段よりもやさしい気持ちになっていたりする。取調室で真相を残らず供述して号泣する犯人に、「カツ丼食うか?」と声をかける老刑事のような心境で、

「うん、たしかにそのとおりだな。だけど、おまえにも事情があったんだろう?」

と、柄にもないフェアな配慮をしてくれる。だが、そこでもまだ頑張って、

「いえ、何も言えません」と言ってみる。すると上司は、

「まあ、そう落ち込まずに話してみろよ」となる。そこで初めて、

「……では、お言葉に甘えて言わせてもらいますと……」

と、弁解を堂々と述べる。このトリックに引っかかって半ば酔いしれている上司は、いつにないやさしい態度でその弁解を聞いてくれる。これだとプロセスを踏んでいるから、相手が不快になることはないいし、またそのあたりの芝居っ気を見抜かれる心配もない。ただし、最後の締めは「……でも、これはすべて言い訳です」とハッキリ言うこと。その一言を忘れたばかりに、せっかくの苦労が水泡と帰す例も、たまにだがある。

こうして注釈をつけながら書くと、ずい分、手のこんだ演出だなァと思われるかも知れないが、失敗例も成功例も、どちらも同じ言葉を同じ分量で話していることには変わりなく、違いはただ順番を逆にしているだけなのだ。

この順番一つで一方は「けなげなやつだ」と好感をもたれ、もう一方は「あの性格どうなってんだ」と嫌われてしまうという運命の分かれ道。これは、とにかく重要だ。

やはりポイントは、相手の心理をどう読むかにかかっている。

もし自分自身、ミスを報告したり謝ったりするのが下手だなと自覚しているのであれば、この順番の入れ替えに留意してみるのが最も確実で効果的な改善法だ。決して難しいことではないと経験者は語る。

叱られたら目を見、誉められたら目を伏せよ

「今どきの若者は、本当に叱られ下手で謝り下手で、しかも誉められるのも下手クソだ」と酒場でボヤいていたオジサンがいた。

見ると、その人はまだどう見ても三十代。酒場などでよく聞く職場のこうした嘆きは、十中八九、世代間のすれ違い、激突なのだ。

ボクたちの業界でも、やはりそういう嘆きをよく聞く。

たとえば上司に叱られているときの態度。ガンガン叱られて責められている際に、若いやつほど顔をうつむけて、相手の目を見ないようにするのだが、中年以上の者にとっては、まずそのへんが気にいらない。目を伏せられると叱っている手応えがないうえに、ふてくされているように見えるからだ。

「目を見ろ、人が話してんだから」

と何度も注意するのだが、若いやつは若いやつで目を伏せたほうが殊勝な態度に見えるだろうと勝手に思いこんでいるものだから、一瞬フッと目を上げるものの、しばらく経つとまた伏し目がちに戻る。上司はますます逆上して、

「おちょくってんのか！　マジメに聞け」

と怒鳴り出し、延々その繰り返しになって、いつまで経っても説教が終わらない。オジサンが嘆く叱られ下手の若者の、最も顕著な特徴がこれ。

一方、若いやつが上司に誉められているときの態度。相手がマジメに誉めているのに、ジョークなんか飛ばして自分で自分を茶化したり、何かといえば図に乗って馴れなれしい言葉を返したりする。若いやつにしてみれば、せっかく誉めてもらっているのだし、恥じ入るよりむしろ喜びをストレートに表現しようと考えているのだろう。しかも上司の目を見ると、哀れなくらい低姿勢だ。ここは一つ気の利いたセリフで上司をねぎらってやろうじゃないかと、つい冗談が口をついて出てしまう。

「いやァ、そこまで誉められちゃったら、穴があったら入りたい気分ですよォ」

とか、

「えーっ？　課長、それ本気で誉めてくれています？　うわー、ヨイショし直しちゃおうかなァ」

学生時代は、そういうシャレで先輩も大喜びしてくれて「こいつ～」と頭をゲンコで殴られながらも美しい青春が花開いたかも知れない。ところが会社の上司は、口をアングリ開けたまま、二の句がつげなくなっている。

叱られ下手と誉められ下手。この二つの典型的な例は、まぎれもなく世代間の好みのスタイルの違いを表している。その最大のポイントは目線の演技に関する解釈の違いである。若いやつは叱られているときに相手の目を見ず、反対に誉められているときには平気で目線を合わせようとする。そういう演技が、この種の場面での標準的な目線の使い方だと信じているからだが、相手の上司にとっては、目線の解釈がまるっきり逆になる。だから、まずは目線の用い方から改めるのが、上手な処世術の早道となる。

たとえば、叱られているときは、逃げずに相手の目を見返す。すると真摯に反省しているように見えるし、相手は心のどこかで、ごくわずかだけれど（あんまりいじめるといつかどこかで仕返しされるのではないか）という恐怖も芽生えて、

（わかった。オマエは真剣にオレの忠告を聞こうとしている。もう、こっちを見なくていい）

と、徐々に叱っているテンションも落ちていく。目線一つで、上司の怒りは何倍も和らぐ。

反対に、上司に誉められたときこそ、まともに目を合わせないで伏し目がちにすべし。それこそポッと顔を赤らめて、ボソボソッとつぶやくのが一番オジサンには受ける。

「いや……そんな……とんでもないっス」

と、倉本聰のTVドラマのような調子で言う。すると（誉められたことがよっぽど嬉しいんだな。可愛い気のあるやつだ）となる。人情やワビ、サビ、朴訥《ぼくとつ》さや不器用さ、そしてシミジミとした哀愁がなければ、中高年層の上司には受けないことが多い。

というわけで、現実の職場における目線の演技は以上のとおりだとして、ついでに上司に食事やお酒をおごられたときの正しい芝居の打ち方を紹介しておこう。

こういうときは、根本的に相手が自分に恩を着せようとしているわけだから、その要求にしっかりと答えなければいけない。

悪びれない軽いトーンで「いやー、どうもどうも」なんて言ったあとで「ごちそうさまです」とつけ加えても、礼を言ったうちに入らない。

どんな言葉でもいいから、とにかくここでも伏し目がちに、ボソッと小声で礼を述べるのがいい。多少白白しくてもいいから、控えめで殊勝そのものといった態度で、決めゼリフなんてつぶやいてみるのも一法。

「こんなにしてもらって……言葉もないっス」

(なーにバカ言ってんだよ！)と若いやつは思うかも知れないけど、こういうダサさが上司のヒロイズムを満足させ心情に訴える。

「はは、何を恐縮してんだよ。大したことなんてしてないよ」

(だけどオマエって可愛いな。謙虚でスレてなくて純朴で。口下手だけど正直で……)

実際は正直でも何でもなく、むしろ大嘘つきなんだけれど、結果として、最高のコミュニケーションを果たしたことになる。

こういうやり口があることも、心の隅にインプットしておいて損はない。

まさに〝目は口ほどに物を言い〟の諺《ことわざ》どおり。ただし必ずしも正直に物を言うわけでなく、多分に相手が勝手に解釈してくれる要素のほうが強いのだが……。

第一声で敬遠されるヤツ、愛されるヤツ

営業マンというと、とにかく声がでかくて自信満々で、押し出しの強いやつというイメージが今でもある。

初対面から相手を圧倒するインパクトの持ち主で、りりしい容姿に切れ味鋭い頭脳、そ

して炎の闘志と燃えたぎる眼差しでバッタバッタと顧客をつかまえ、アッという間に売り上げを伸ばす。見るからに好青年で一分のスキもなく、社内でも花形で新人ＯＬの憧れの的《まと》。完璧なまでの着こなしでスーツを身にまとい、ハードワークをものともせずに、これぞ経済大国ニッポンの誉《ほま》れ、世界中どこに出しても恥ずかしくない営業マンの理想……というのは真っ赤な嘘で、本当にそんなやつがいたら、取引先でも（やれやれ、また来やがった）（けっ、何様だと思ってんだよ。この若僧が）と返り討ちにあうのは必至。世の中、そんなに甘かあない。

会った瞬間から澄み渡るような大声で

「こんにちは！　○○商事営業二課の鈴木でございます！」

と挨拶しても、相手は二日酔いでガンガンする頭を押さえながら、

（どうでもいいけど、もっと静かに話してくれよ）

と思うだけ。

快活でハキハキした大声は好感がもたれるとよくいうが、それはバカな大人が唱える迷信。いまや世の中はストレスだらけで、街を歩けば騒音があふれ返り、心の安まるときがない。そんな時代に、俗世間の荒波に疲れ切ったオジサンたちが、仕事とはいえ、勝ち誇

ったような大声で一所懸命話すやつを見て、

(ああ、うるさいやつだ。鼓膜に響く)

と内心ウンザリするのも無理はない。

背筋をしゃんと伸ばして相手の顔を直視し、熱い眼差しでやる気をアピールするのも相手の反感を買いがちだ。

(何だよ、眼《ガン》飛ばしやがって)とはさすがに思わないものの、(ムム? こいつ、自分がヤリ手だと信じこんでいる目つきだな。そうはいくか。オレのほうがキャリアも長いし、一対一では負けないぞ)と、よけいな対抗意識まで刺激してしまっては、平和的な話し合いなど望むべくもない。ましてや脂ぎったパワーとバイタリティーが自慢の押し出しの強い男という印象を抱かれては、とたんに相手は警戒し(言いくるめられてなるものか)とヨロイカブトをつけてしまう。よしんば、そいつがどこから見ても非の打ち所のない好青年であったとしても、相手によっては仕事とは無縁のジェラシーを刺激してしまう怖れもある。

——それじゃ、一体どうすればいいんだ、とあなたは思うかも知れないが、実は簡単なことで、要するに初対面での第一印象ができるだけ平凡になるようにすればよいのだ。

このテクニックは、ちょっと仕事のできる営業マンならだれでもやっていることで、逆説でも何でもない。

本当にヤリ手の営業マンは、初対面での第一声を必ず小さい声から入る。つとめてソフトに、マイルドなトーンで第一声を発し、あとは相手の出方をうかがうような中途半端な笑顔で間をつなぐ。

すると相手は、まず安心してくれる。

(この男はとりあえず静かだし不快ではないな。こいつとなら、まァ話してても気分転換ぐらいにはなるかも知れない)

これが第一歩になる。相手のヨロイというか、心の武装解除をさせる。

で、お決まりの挨拶と世間話を済ませて、商談に入ったあとも、前半はなるべく低い声のトーンのままで話していく。そうすると、相手はますますリラックスしてくるのだ。

(なんだ、この営業マンは。声が小さいだけかと思ったら、押しも弱そうだし頭の回転も鈍そうだ。これなら絶対オレのほうが上だな)

先方だって同じサラリーマンだし、いつも無意識に自分をだれかと比較している。

(こいつには勝てる。オレのほうがヤリ手だ)

と、自分で自分を励ましながら、プライドを保って生きているわけだ。そんな相手の競争心をはぐらかし、虚栄心をくすぐる形で、あえて低姿勢に愚鈍さを装う。会話においても、主導権は常に先方にあずけておく。すると、相手は満たされてくる。

(何だ、こいつは、売りこみに来たくせに、全部オレのペースで話が進んでる。いっちょ、遊び半分で誘い水でも仕掛けてやろうか)

こいつは与《くみ》し易しと思いこんでるから、図に乗って社内の情報を詳しく聞かせてくれたり、「こんな製品なら欲しいんだけどなァ」と、本心をチラつかす。余裕があるから、ガードを下げても平気な気分になる。

(さあ、ここまで分かりやすい状況をつくってやったぞ。どう斬りこんでくるか、お手並拝見だ)

まるで幕下力士を相手にした横綱か、あるいは初心者相手に飛車・角落ちでサァ来なさいと挑発する将棋好きのオヤジのような態度に出る。

「いやー、たしかにその手の製品に関しては、こっちもノドから手が出るほど欲しいんだよ、カッカッ」

(なーに、いざとなれば、ビシッと拒絶してやるさ。主導権はこっちにあるんだから)

と思っているから、相手は図に乗ってどんどん喋る。そうやって相手が安心した頃合いを見はからって、話が核心に入った瞬間、ズバッとこちらのトーンを切り替える。そして、一気に畳みこむ。

「そこまでおっしゃるなら、当社の製品は絶対ですよ、○○さん」

ここで相手は意表を突かれる。無防備でいただけに、もう逃げられない。予防線を張りめぐらせて本心をカムフラージュしていたならまだしも、すでに接近し過ぎてるからジタバタあがいても、もう遅い。

しかも、それまで小声でボソボソと喋っていた男が「これだけは言わせて下さい」と熱いトーンに一変したという、その落差だけで説得力が倍増するので、相手は内心（はめられたのかな）と感じつつも、そこに多少の誠意を見出し、とりあえずホッとする。

こういう強弱のつけ方が、実は一番オーソドックスな手法で、だれにでも応用が可能なはずだ。

強弱を計算しないやつに限って名刺交換から攻めて攻めて猛ラッシュをかけ、相手が防御に注意を払う余裕を与える。そうなっては話の核心でいくら大声を張りあげて迫っても（わかったよ。さっきからウルサイなァ）とハネ返されてしまうのは当たり前。

つまり小声作戦というのは、ボクシングで言うと、第1ラウンドでわざと打たれて相手のガードが下がるのを待ち、第2ラウンドに入ったあたりで、相手の懐に飛びこんで、カウンターパンチ一発！　逆転KO勝ちという筋書きなのだ。

よしんばカウンターがはずれて相手を倒せなかったとしても、少なくとも判定には持ちこめる。最初から拒絶されて相手にもされないよりは、よっぽど善戦したことになる。だから、この作戦で本当に重要なのは、とどめの一撃より、むしろ前半の布石づくりなのだ。声のトーンでいうと、大声よりも小声。これを是非、肝に銘じておくべし。

そのためにも、まず第一声、名刺交換の際に、いかに気を使うかが大切だ。よく新入社員の研修などで、（名刺を渡すときは相手の目を見て）と教えるが、ボクに言わせりゃ相手の顔なんて見なくていい。伏し目がちで、おどおどしていたっていいのだ。そのほうが、相手は安心するはず。

声のでかい営業マンより、声の小さな営業マンに学べ。

営業用お芝居の決め技

いまだにビジネスライクという言葉にやたらとこだわるサラリーマンがいる。

「これはビジネスライクな話だから」

「お互いビジネスライクで行こうよ」

「あくまでビジネスライクのつき合いで行こうよ……」

もったいないなってボクなんかは思う。ビジネスマンがビジネスの話をするのは当たり前だし、なぜそんなことを自分から強調する必要があるのだろうか。ビジネスでありながら（ビジネス関係なしであなたのこと思ってるんですよ）と相手に思わせたまま上手くビジネスを貫徹するやつのほうが数倍素晴らしいビジネスマンだ。

これは何もサラリーマンに限らず、すべての職業に当てはまるプロの鉄則で、われわれの業界にも、「ビジネスだもんね、お互い」と口癖のように言う人がいるけど、でも本当に仕事ができるのは「今度は仕事抜きで飲みましょう」「いやー、きょうは仕事抜きで面白かった」と平然と大嘘がつけるやつだ。そんなやつは冒頭に「ビジネスだから」とバカな前フリはしない。ただ最後に「……ビジネスしなきゃいけなかったんだよね」とつぶやき、相手をたらしこむのだ。

サンドイッチ方式で、「ビジネスでない」と最初に断って、最後に「ビジネスもしなきゃ」と言いながら、中身は実はビジネスそのものという巧妙なテクニックがあるのも知らず、「ビジネスライク」と連呼してる人は、結局裸になるのが怖い人ではないかと思う。ビジネスマンという制服にすがりつき、裸と裸の会話ではなく背広と背広で話し合いましょう、お互い仮面のままで話し合いましょうと言っている。カウボーイならカウボーイ同士で、市民なら市民同士で、セールスマンならセールスマンとして、客なら客として、とあくまでも自分の役柄にこだわって制服に身を包まないと安心できないタイプ。たとえば車のセールスマンにこの手のタイプが多く、客が一言喋るごとに、

「えー、ハンドルに関してはですねェ」

「はい、タイヤに関してはですねェ」

「あっ、ローンに関してはですねェ」

と、いちいちいきりたって答えてるやつがいる。

こういうタイプに限って「ビジネスライク」を連発する。あくまで仮面をはずしたがらないから、セールスマンという仮面、セールスマンという制服姿のままで客につっかかってしまう。セールスマンはよく喋るもの、言葉で客を打ち負かすものと思いこんでるから、得意満面で客を丸めこもうとして、矢継ぎ早に喋る。

(何でもおっしゃって下さい、ボクが何でも話しますから。はい、この仕事に関してはボ

クはプロでございますから。話もうまいし、営業も上手だと自覚しております、ハイ）

という態度でまくしたて、そのくせ、営業成績が今一つで（おかしいなー、喋りはいけてるのに、なんで売れないいんだろう。よっぽど客運に恵まれないのかなあ?）と悩んでいる。売れないのは当たり前。だって側で見てると客がつまらなそうな顔をしているんだもの。

（このやろう、営業上手と思ってんだか何だか知らないが、喋りすぎだぞ、このお！）

多分、客はこう考えている。

（オレは客、おまえより偉いんだ。なんでオレをいい気持ちにさせないんだ）

客にそう思わせるってことは、どんな仕事でも最低であって「仕事熱心」をふりかざしながら、結果ちっとも仕事の業績を伸ばせない。

そんなやつが、したたかな客の前でボロボロになっているケースをボクは何度も見てる。

セールスマンが必死でまくしたててるときに、横の女房に、

「な、この前乗った車さ、何て言ったっけ」

と、わざと関係ない話をし始める。セールスマンは意表を突かれて、一瞬狼狽して黙る。

なぜほかの話をしてるのかわからない。客が意地悪でわざとそういう仕打ちをしてること

が理解できない。それでも、ここで割って入ったほうが営業上手になるだろうと、

「あの、奥様、どんなお車だったんでしょうか」

「アウディだけど……」

「ハッ、そのアウディに関しましては……」

とまた始めるから、客夫婦もあきれてしまって、帰る道すがら、

「おい、あいつのところで買うのやめようぜ」ってことになる。

セールスマンに関して言えば、やはり知識や情報をひけらかしたがるのは自分が主役だと思ってるからで、本当の主役は客でなければいけない。あるいは営業行為——物を売るという行為自体が主役で、営業マンはその主役に仕える端役であるとわきまえたほうがいい。その端役が、いちいち「ビジネスライク」という衣を装うこと自体、チャンチャラおかしい過剰装備である。

同じ装うなら、口下手をいかにさりげなく装えるか。バーッと喋りたいやつほど口下手を装わなければならない。

その典型の私が幾多の経験から言ってるんだから、間違いないと思うでしょ。

Chapter 6

いまを100倍面白く生きてみよう
おしゃべり人間に変わり出すとき

人前で話す秘法〝古舘式自然流〟

結婚披露宴でスピーチを頼まれる。人前で喋る試練という意味では、だれもが必ず何回かは経験するよくあるシチュエーションだが、これがなかなか一筋縄ではいかないものであることは多くの人が実感してるだろう。他人のスピーチを見ていると、こんな精神で喋っているのはカッコ悪いなという例が冷静に分析できるものだ。

よくあるのが「私は不肖〇〇めでございます」とへりくだって遠慮がちな立場を装いながら、実はものすごく高慢ちきなパターン。中年のオジサンに多い。

「諸先輩、諸兄をさしおいて、このような高いところに登壇させていただくということは大変光栄の至りであるとは申しますものの、内心忸怩《じくじ》たる思いではなはだ恐縮でございますが、さて私が今日までやれてまいりましたのも、自画自賛のそしりを免れえないと十分自覚させていただいたうえで申し上げるご無礼をばお許しいただくならば、偏《ひとえ》に私の右に出るものはいないといっても過言ではないといったような意味を含めまして……」

と、恐縮しているうちにどんどん威張っていく。（俺はこんなに恐縮しているんだ、何事にも丁寧に頭を下げてるんだ、どこに出しても恥ずかしくないくらい見事に恐縮しまくってるんだ、どうだすごいだろ、まいったか……）と、最後はさんざっぱら自慢してしまう。慇懃《いんぎん》無礼の見本みたいな例で、古くさいありきたりの言い回しが、ますます押しつけがましさを強調する結果になる。

で、最後の締めが「……以上をもってスピーチに代えさせていただきます」。「代えさせていただく」って、それじゃ今のはスピーチじゃなかったのかよとツッコミたくなる。スピーチではない長話なら、初めから人に聴かせるなよって言いたくなる。ほかにも日本語ならではのへりくだった表現を押しつけがましく使う輩が多い。「粗餐《そさん》ではございますがお召し上がり下さい」――粗餐なら食わすなよ、失礼じゃないか。あるいは、「つまらないものですが御笑納下さい」――なんでつまんないとわかってるものを笑って受け取れるんだよ、と突き返したくなる。「スピーチに代えさせていただく」というのも、それと同じ種類の言い方で、低姿勢を装いながらかえって高圧的な印象を会場の人々に与える悪い例だ。

他方、同じように謙遜から入るパターンだけど、自分はおしゃべりが下手で、スピーチが苦手だと前置きしていながら、延々ペラペラ喋り続けて、イヤ味なまでに自分の話術を自慢するオジサンもいる（ちょっと長くなりますけど、再現してみます）。

「本当にこのような美しい花嫁様、そしてお料理にも舌鼓をうたせていただいて、それにもまして私はパーティーが大好きでございまして、本当にこの祝宴にお招きいただき、これでスピーチの御指名さえなければ、どんなに幸せかとほくそ笑んでいたところ、とうとう私の所にお鉢が回ってきてしまいました。いやいや、ご両人を讃《たた》えたいという気持ちは存分にあるのでございます。しかしながら私はスピーチが大の苦手、おしゃべりが大の苦手なものですから、スピーチだけはご勘弁をと思っていたんですが、せっかく指名を受けましたので、一言下手ながら、ご挨拶させていただきたいと思いますが、さて昔あるところに……」

（さあ、ここからが長い長い!!）

「昔あるところに、大変お相撲好きのお殿様がおりまして、毎年家臣を集めて御前で相撲大会を開くのがならわしでございました。そのときも、むくつけき大男の家来たちが次々に裸になって土俵に立ちます。すると、その中に一人だけ、身の丈も小さく、風が吹けば飛んでいってしまいそうな細身の小男が交じって、お殿様をはじめ皆『大丈夫なのか、あの男は相撲などできるのだろうか』と心配しておりましたところ、いざ試合が始まったとたんその小さな男は、自分の身体の三倍はあろうかという大男たちを右に左になげうって、あれよあれよという間に優勝してしまったのです。お殿様は大層喜ばれ、優勝した小男に褒美をやりながら、『おまえはなぜそんなひ弱な身体で大男を次から次へと倒してゆけたのか、その秘訣を教えよ』と問い質《ただ》したところ、小男は考えていわく『簡単でございます、お殿様。私は大男と四つに組むたびに相手の耳元でこう脅かしてやったんです。もし私を負かして優勝してしまったら、お殿様の前でテーブルスピーチをやらされるぞ、と』。

このお話にもありますように、人間というのはいかに人前で話をさせられることを怖がっているかという例でございまして、これで美しい花嫁様にも少しは私の心境をご理解いただけるかと存じます。私も喋りは苦手なもので、これくらいにさせていただきます」

パチパチ……（まばらな拍手）。時計を見たら、わっ、十五分以上も喋ってる。スピーチが嫌いだ嫌いだと言いながら、全然嫌いじゃないじゃないか。要するに、自分が話し上手ってことを自慢したかっただけなのか、ちきしょう、それだけのために受け売りの昔話なんて持ち出しやがって、一所懸命聞いて損した!!　てな具合。

自分で上手なスピーチをしたつもりでも、これでは共鳴を得られない。華麗な言葉で着飾りすぎて、逆に墓穴を掘ってしまう悪い例だ。

テクニックをひけらかすことが話術の醍醐味と思いこんでいるのは大変な間違いで、これほどイヤ味なスピーチはない。

かといって「テクニックは必要ないから心に思ったことを素直にストレートに話せ」というのも嘘だ。

二十代や三十代の人にありがちだが、古いマニュアルを否定して飾らない自由なスタイルで話そうと思うがあまり、新郎の過去の女性遍歴をいきなり暴露して、両家の親族縁者にヒンシュクを買ったりするやつがいる。中には、グループで出てきて、

「僕らは学友ですからよく知っているんですが、新婦は新郎と婚約する前、きょう、ここにいる○○君とつきあっていて、結構尻の軽い女で……」

と、とんでもないことを言い出して、場内もシーンと凍りついて険悪な雰囲気に包まれてしまう。

「いや、その、尻の軽いというのは決して新婦が淫乱とかいう意味じゃなく……」

と、フォローのつもりで言った言葉がますます不穏なムードに拍車をかけて全く収拾がつかなくなり、しまいに自分でも何を喋ってるのかわからなくなって、

「えー、それでは『乾杯』を歌います」

これじゃあ、聴いている出席者はたまりません、ろくなもんじゃありませんね。

新郎新婦とは友人だから、深いつき合いだから、ということに安心しきって、そういうドジを踏む若者がいる一方で、逆に新郎新婦についてまったく触れずにスピーチする者もいる。これは年輩者に多い。

ボクがたまたま見た例だが、新婦の学生時代の恩師として登場した先生がいて、

「今の学校教育の現場はなっとらん。競争原理を教育の場に持ちこむのは言語道断で、私が顧問をやっているブラスバンド部は、私が厳しく指導した甲斐あって県下一の実力を持っているが、県のコンクールには一切出場させたことがありません」

と、祝辞にも何にもなっていない演説をやって引き下がっていった。そんなお題目が結婚式と何の関係があるの、と言いたくなったけど、その先生としては人前で喋るという緊張感からすっかり舞い上がって学校の職員会議で普段喋りなれたテーマを思わず口走ってしまったらしい。

また、こんな年輩もいた。

白髪まじりの戦中派の男性が、マイクを持つ手も震わせながら、

「私は新婦の父上とは南方戦線の戦友で……」

と、やれ同期の桜だ、日本刀だ、敗戦だ、復員だと、あちこちに話が飛んで、最後まで

新婦や披露宴の祝辞については何一つ触れずに、三十分近く話して、興奮して猛り狂って終わってしまったのだ。晴れの舞台だからあがってはいけない、親友の娘さんのためにもカッコいいことを言わなければいけないと、プレッシャーでがちんがちんに緊張したあげく、自分の言葉に興奮して収拾がつかなくなり、予定していたお祝いの言葉はすっかり忘れて、時間がどのくらい経過したかさえわからなくなってしまった一コマだった。

老いも若きも、披露宴のスピーチに関しては苦労がたえないようだ。

では、どういうスピーチをすれば人から評価され、ヒンシュクを買わずに自分をアピールできるのか。

先日ある披露宴に出席したとき、主賓のフジテレビの重役さんが、スピーチの最初に、こんな話をした。

「私も三十数年前に結婚式をやりまして、ちょうど今の新郎、新婦のように、いろんな方のスピーチをコチコチになって聞いていました。けれど、今、三十数年経って思うのは、私もそんなに忘れっぽいほうじゃないんですが、あのときだれがどんな内容のお話をしてくれたか、全然覚えていません。多分、何の役にも立っていない。スピーチっていうのは、そんなものじゃないでしょうか。ねえ、皆さんも早く乾杯やって飯食いたいですよね」

ドッと爆笑がおこり、大きな拍手になった。

これは意表をついていて、素晴らしい切り出し方だな、と感心した。ボクを含めた、その場にいる列席者の心理を見事に読んだ一言だったからだ。

たしかに今は昔と違って、披露宴に出席することに対して、皆あまり構えなくなった。お年を召した方たちや無類の披露宴マニア（たまにいるんですよ、そういうやつが）は別として、一カ月も前から他人の結婚式を首を長くして楽しみにしている人はまずいない。

むしろ、「また御祝儀で○万円包まなきゃ」とか「御祝儀の分だけ料理はちゃんと食べなきゃな」とか「それにしても結婚式の料理ってのも変わりばえしないよな。大体、オレは飯の間にシャーベットなんか食いたくないし」なんて思っている人も多い。

さらには「どうでもいいけど、新郎新婦だって、モチッと気をつかえよな。お色直しに命かけるのもいいけど、延々と待たされるこっちの身にもなれよ」

という空気も少なからずある。正直、ボクなどもそう思ってる。

そんな場所で見ず知らずのオッサンから人生の教訓とか幸福になる秘訣を聞こうなんてだれも期待していない。第一、披露宴のスピーチを聞いて人生観が変わったという人になんて、今まで逢ったことがない。

人前で喋るといっても、全員が聞き耳をたててるわけではない。別に聞いているほうは、スピーチする人が特別な人間だとは考えていないのだ。せいぜい大物政治家が主賓としてやってきた際に、好奇心から幾分の注意を傾ける程度。

だから、ことさら構えて、しゃっちょこばった堅い言葉を乱発するスピーチ者に対しては、無関心か、あるいは（うるさいなあ、いい加減に早く終わらせろよ）と意地悪な目を向ける。スピーチの内容以前に（カッコつけるなよな）という類いの反発を買うほうが多い。

ところがスピーチをする者は、そのへんの所にはなかなか気がつかない。自分がスピーチに指名されない披露宴では、同じように（ちぇっ、どいつもこいつもつまんないスピーチばかりして……）と思ってるくせに、指名されたとたん、ガラッと意識が別人のように変わってしまい、家を出て会場に着くまで、ずっと自分を「列席者」ではなく「スピーチ者」だと考えてしまう。だから、よけいに緊張し、聞いている側がどういう心理でいるか忘れてしまう。

そういう独り相撲の愚かさに自分で気づくことができれば、それだけで第一ステップはクリアだ。

次に、いよいよ具体的なテクニックに移る。

披露宴のスピーチが成功するかどうかのポイントは、ずばり会場の共感をつかむこと。そのための一番手っとり早い方法は、自分で自分を笑い者にすることだ。

壇上に立ち、マイクを握った瞬間からカッコつけたポーズを捨てる。自分をよく見せたいという虚栄心を捨て、情けない自分をさらけ出す。

開口一番、「困ったなあ」という笑顔で、こう言ってみる。

「いやあ、緊張しちゃってどうしよう」

直立不動である必要はない。後頭部を手でポリポリかいてたっていい。

「ほら、もう手が震えちゃって……。唇まで震えちゃってますよ。参ったなァー」

これで確実に場のムードは和み（ああ、いい人だなァ）と共感を呼ぶ。

自分の緊張をほぐすためにこう言えというんじゃない。自分は緊張したままでもいいのだ。その緊張した様子を、そのまま口に出して伝えることで、会場がホッとする。この人のこと笑ってもいいんだな、と安心する。リラックスした気分で話を聞けるという下地が生まれる。

この一言を省くと、聞いている側は窮屈でたまらない気分になる。

（あらあら、こいつ緊張して手が震えちゃってるよ。だけど笑っちゃ失礼だしな。こんなやつの話を襟を正して聞かなきゃいけないこっちの立場も考えて欲しいよな）

あるいは、

（なんだか見てて可哀相になってきちゃったわ。声も震えちゃってるし。あー、またトチるんじゃないかしら、こっちまでハラハラしちゃう）

そんな場の空気が喋ってるほうにも伝わってくるから、よけい緊張がたかまってしまう。

それを防ぐ意味でも、最初から「緊張してます」と柔らかく言う。自分で緊張してると認めてるんだから、列席者はハラハラしなくてすむ。余分なプレッシャーを感じなくてすむのだ。

ほら、よくグラミー賞とかの受賞スピーチで、アメリカのミュージシャンがやってるでしょ。

「ワオー、頭の中が真っ白になっちゃって、考えてきたスピーチ全部忘れちゃったわ！」

とか、

「緊張しちゃって何喋っていいか、わかんなくなりそうな気がしたから、メモをつくっといたの。用意しといてよかったわ」

という、あの類い。聞いてる側の緊張を和らげるテクニックとしては、すごく参考になると思う。

この反対で、ひたすらシリアスにスピーチしようとするのが、日本の音楽祭の受賞シーンだ。まあ、泣くのが一番うけるという長年の伝統を引きずってるから、それも仕方ないのだろうが、同じフレーズを喋っていてもニュアンスが全然ちがう。

「……緊張してしまって……自分でも何言ってるかわかんないんですが……」

頼むから笑わないでくれ、シリアスになってくれ、こんなに緊張してるんだ、感動のシーンなんだ、皆さんも緊張してくれ、息をひそめて見守ってくれ、ここは自分の見せ場なんだ、最高のヒノキ舞台なんだ、さあ一緒に泣いてくれ!! と言わんばかりの表情になる。

一昔前の青春ドラマなどでも、一時期こういうスピーチというか長ゼリフが流行った。改心した不良生徒とか、カンニングをして成績がトップになった進学校の落ちこぼれとか、そういう連中は必ず最後の告白シーンで「すまん、みんな聞いてくれ……」と精一杯緊張してみせた。主人公の先生も先生で、最終回の別れのシーンでは必ず「……何て言っていいかわからないんだが……」と長々と間をためて流れ落ちる涙を泥々のユニフォームでぬぐった。

そんな印象もあってか、若い人の中にも、緊張することがカッコイイと思っているタイプが少なくなく、「緊張して、何を言っていいかわからないんですが……」と自己陶酔して喋っているやつがいるけど、それこそ恥ずかしさの極み。

もっと砕けて、ありのままの自分の情けなさを伝えないとダメ。

「もう、さっきから緊張しっぱなしで。皆さん、笑って下さい、あがっている私を」

これがプロのテクニックなのだ。全然難しいことじゃなく、だれにだって真似できる。

緊張した自分の有様を、そのまま伝えればいいだけだから。

「さっきコーヒーを飲んでるときも、スプーンを持つ手が震えてしまって……」

「自分の順番が来るまで三回もトイレへ行っちゃいました」

何でもいい。緊張した自分をあっさりと認める。自分の情けなさをあっさりと認める。

「こういうスピーチは型通りで、大したことも喋れないし、だれも覚えていないでしょう。だから、あんまり緊張するのも意味ないんですよね」

そういう所から入っていって、場の緊張を和らげる。それによって自分自身もリラックスできる。聞いてる側と喋っている側に一体感が生まれる。スラスラと言葉が出なくてもいいのだ。つまったら、「テヘヘ」と客のほうを見て笑えばいいし、トチってロレツが回らなかったら、すぐ、それをネタにする。

「……（間）……いやー、いざこの場に立つと、言葉を忘れちゃうもんですねー。きのう、あれほど考えてきたのに」

「あっ、いま私、ワタシのことタワシと言っちゃいましたね。どうしたんでしょう？　大丈夫でしょうか？　バカですねー、ワタシをタワシだって……」

そして、次のポイントは、いかに本論と関係ないことをたくさん言って前フリをつけるか。今のように、自分のミスをあげつらうのも一つの手段だし、その日、朝起きてからどういう気持ちだったかをタラタラと説明するのも効果的な手法だ。

「きのうは披露宴に備えて早く寝ようと思ったんですけど、巨人が勝ったもんだから、うれしくて、つい深夜のスポーツニュースを最後まで見ちゃったんですよ。で深夜の一時に寝たんですけど、なぜか六時に目が覚めちゃって。それで歯をみがいたりヒゲをそってるうちに、また巨人が勝ったのがうれしくなって、朝刊を見ようと思ったんだけど、まだ届いてない。それで、よせばいいのに、ジョギング姿に着替えて、駅までスポーツ紙を買いに走ったんですよ」

一体、この人は何を言ってるんだろう？　というところで、スパッとまた自分の愚かさを笑う。

「おや？　私、何を関係ないこと喋ってんでしょうか。バカですね」

内容はどうであれ、ここまでタラタラと喋っていれば必ず笑いが来る。しかも、最初にあげた御前相撲の話とは違い、その日の話だから臨場感がある。聞いてる側も感情移入しやすいのだ。

こういう前フリをしておけば、あとはどう落としてもOK。

「とにかく、巨人が勝った翌日に、こういうおめでたい場に出席できて、私としては、もう二重三重の喜びです。お二人にとって、きょうの契《ちぎ》りが人生最大のホームランとなりますように」

と短く結んでもいいし、

「ところが、新郎の○○君は阪神ファンでして、職場ではちょっとしたライバル関係なんです……」

と、新郎のエピソードに持っていってもいい。

あるいは、もう少し前フリを引きのばして、

「……それで久しぶりに町を走ったんですが、今日は本当に朝からいい天気で、空はきれいだし、風も気持ちいいんですね。そのとき走りながら、ああ、こんな素晴らしい日が、お二人にとっては新しい門出になるんだなァと、柄にもなくロマンチックな気持ちになったんです」

と持っていってもいい。いずれにせよ、その日に起こった出来事は、まぎれもなくその人の実体験だから、能書きではなく、聞く人のイメージを広げる作用がある。だから、極論を言えば、前フリがイコール本論であり、スピーチの結論になり得るケースもある。もちろん、前フリは前フリとして、かねて用意していた別の本論に続けてもいい。

こういう前フリのパターンは、糸口さえ見つかれば無尽蔵に生まれてくるものだ。

たとえば、新郎もしくは新婦から招待状を受け取ったときの印象でもいいし、スピーチの順番が後のほうだったなら、今までのスピーチを聞いての感想でもいい。

「いやあ、私は新郎の方はよく知ってますが新婦の方はあまり存じあげてなかったんですが、今まで皆さんのお話を伺ってると、新郎は本当に果報者ですね」

「私は新郎については以前からよく知っていたつもりなんですが、皆さんのスピーチを聞

いているとそれ以上に素晴らしい青年だったんですね。私、スピーチを引き受けておきながら、新郎にそういう面があるとは、今の今まで知りませんでした。反省します」

こういうのは、聞いている列席者も同時進行で一緒に体験した出来事についての感想だから、一番安全ではずさない糸口の一つ。

さて、前フリのテクニックの次は、本論に何を持ってくるか。

一般的に言うと、これもまた己の体験談が最も安全だ。たとえば、

「私は新婦の○○さんと知りあって七年になりますが、高校一年のとき、家庭科室で料理実習をしながら、『将来、私のダンナさんになる人は、こういうお料理、おいしいと言ってくれるかしら?』とボソッとつぶやいた一言が、今でも忘れられないんですよねえ」

と、エピソードだけ話して、解釈は聞いている人に委ねる。本論に入ったら、もうタラタラ喋らないで、短くビシッと締めたほうがいい。これは意外に感じられるかも知れないが、前フリが八とすると、本論は一か二ぐらいの分量が妥当なのだ。紙に書けば、ほんの四行から五行ぐらいの言葉を言って、サッと引き下がる。これもプロのテクニックの一つだ。

一方、新郎新婦をあまり深く知らないときは何を本論で喋るか。

これも基本は体験談がベター。「夫婦とは？」とか「愛とは？」、あるいは「家庭とは？」と大上段に入って講釈を持ち出すのはダメ。書物や偉い人の話を引用しても、その人の誠意は伝わらない。やはり自分の経験、体験のエピソードで締めるべきだ。

たとえば、披露宴に引っかけて、自分が新郎だったときの体験を語る。

「私も○年前に、その新郎新婦の席に座っておりましたが……」

そのときの自分がどういう心情だったか、自分なりにどういう決意を持っていたかを恥ずかしがらずに話して、

「多分、ここにいる新郎も、今同じ気持ちだと思います」

と締めるのが一つ。

あるいは自分の家庭生活の中で、不和になったときのエピソードを話し、何が原因でそうなるのかという具体的な要因から結果まで話して、

「でも、それを乗り越えていくのが夫婦ですよね」

と締めるのが一つ。

さらには、結婚して子どもが生まれて育児で大わらわになった頃の苦労話をふり返りながら、

「でも、もう一度あの頃に戻りたいかと問われたら、やはり『はい』と答えるかも知れませんね」

と逆説的に出産の幸福感を暗示するのが一つ。

ほかにも、結婚して同居したとき電話が二台になったとか、同じレコードやCDが二枚になって互いに顔を見合わせて笑ったとか、新居にまつわるエピソードを話して、

「結婚って、本当に不思議なイベントですよね」

と、新生活で二人が体験するであろう細々とした発見を鏤《ちりば》めつつ、ワクワクとした期待をほのめかすのが一つ。

しかし、これらは正直に言って、非常に手のこんだ話術が必要となる。できればパスして、スピーチを頼まれた時点で新郎新婦から二人の出逢いにまつわるエピソードをあらかじめ教えてもらって、その感想を述べる程度にとどめておくほうが無難だと思う。

つまり、「本論」を考えるから難しいのであって、むしろその部分は、自分とご両人がどういう関係かを列席者に伝える「中段」だと考えたほうがよいかも知れない。だからこそ内容は具体的であればあるほどイイのだ。

そして、いよいよスピーチを終えて引き下がる間際のフィニッシュ、締めのテクニックだが、

「……結局たいしたことは言えませんでしたが、こんな自分でも多少は二人を祝福してあげようと用意してきた言葉があります。ですが、ここでは披露せず、二次会のときにでも、ソッと二人だけに言わせてもらうことにします」

と締める手がある。これは、披露宴そのものがどうしても儀礼的というか形式だけにとらわれがちなのを逆手にとって（この場では、あくまでもセレモニーの歯車として発言しました。だけど、本当は歯車としてではなく、個人としてご両人にメッセージを贈りたい。だが、それをこの場で言うと全体の予定調和を乱すことになるから、あとで二人だけに伝えます）と、チラチラと本音をのぞかせることで、カッコ良く結婚式の愚かさをチクリと皮肉る自己演出になる。しかも無礼な形ではないスマートな言い回しなので「なかなかアイツは世間一般のルールをわきまえてる。大人だ」という評価も得られる。

そのうえ、新郎新婦との特別に親しい関係を存分にアピールできるし、列席者のほうも「あとであの人何を言うのかな?」と興味をかりたてられる。実際にあとで二人に贈る言葉なんてどうでもよいのだ。それこそ「おめでとう」の一言でいい。結婚の祝辞なんて、

つきつめれば結局それしかないのだから。

「おめでとう」をストレートに披露宴で言うだけでは芸がない。ましてやスピーチの最中に列席者にばかり注意が向きすぎて、肝心の新郎新婦のことを忘れてしまうような下手なスピーチをしたあとで、とってつけたように「ご両人のお幸せを……」などと締めるのはもってのほか。どんなに心をこめて言ったつもりでも、それだと建前にしか聞こえない。

そうならないためにも、「あとで言います」と堂々と逃げをうつテクニックがあることを覚えておいて損はない。

以上が、古舘流の披露宴スピーチでの実践テクニックであるが、要約すれば次の三点になるだろう。

①前フリ→当日の自分の心理を、自然体でふり返る

②中段　→ご両人と自分とのエピソード（スピーチ者は披露の宴の一役をになっているのだから、最低限、自分がご両人にとっての何者かを話す義務がある。ただし、なるべく簡単にすること）

③締め　→うまい結論が浮かばないときは「あとで二人に言います」作戦

これらの三大原則さえ忘れず、また時間も五分程度に抑えられれば、もうスピーチなんか怖くない！

では最後に、これぞ究極の名人芸スピーチとでも呼ぶべき例をあげておこう。かつて、あるTVディレクターの結婚式で久米宏さんが行ったスピーチで、ボクはそのとき司会をしていた。

この章で挙げた幾つかのテクニックを念頭に読むと、いかにすぐれたスピーチか、お分かりになると思う。

「やあ、古舘さん、どうもご無沙汰してます。

えー、ボクは司会の古舘さんのように面白おかしいギャグを言ったりするのは得意じゃないんです。特に、こういうお祭り騒ぎの中で盛り上げていくのは、古舘さんなら得意でしょうけど、ボクは大の苦手でして、皆さんにすれば久米もプロの喋り手なんだから面白いギャグを言うだろうと思われるかも知れませんが、プロといったって、こういう場では何も面白いことなんて言えないんです。

なもんで、自分の思っていることを素直に言うしかないんですが、スピーチをする以上はボクもプロの喋り手ですからためになる話をしなくちゃいけない。ましてや新郎と比較したら、私は人生の先輩、結婚生活の先輩ですから、これはいい加減な話はできない。もう気合が入っちゃって、五日前に結婚について書かれた偉い人の本を読んでみたんですが、どうも難しくてピンと来なくて、そうこうしているうちに日が迫ってきて、よし、ここはジックリ腰をすえて練ろうと、昨日の夜ずっと考えたんです。

まず水割りを一杯つくりまして、リビングルームのソファにくつろぎながら、静かな曲をかけて、いいアイデアは浮かばないかと考えた。ところが、なかなか改まると出てこないものですね。普段職業で喋っていても、こういうスピーチというのは本当に難しい。

気がついたら水割りがなくなりまして、もう一杯つくりました。やはり人間ていうものは、酔えば酔うほどカッコいいことを言ってやろう、オシャレなことを言ってやろうと、欲ばかりがどんどん強くなるもんですね。

ふっと気がついたら水割りは五杯空けていました。もう、そのときには、酩酊《めいてい》していて、何を喋っていいのかさっぱりわかりません。そのまま寝てしまいました。皆さんは信用なさらないかも知れませんが、見栄張っているんですね。

で、とうとう今日になってしまって、もうとことん追いつめられて、ここに来る道すがら、ふっと一つだけ思ったんです。……（間）……夫婦ってのは、やっぱりバラバラなんじゃないでしょうか。男と女っていうのは、恋愛期間であれば、ときめいて一体化したり、二人で一つになる。そういう恋の炎ってあるでしょう。でも同じ屋根の下で暮らし始めると、もっときずなが強くなると思うのは大間違いで、いろんなしがらみが出てきて結婚したとたんバラバラになる。だから、結婚した瞬間から心の中では離婚したんだって発想がないと、うまく行かないのかも知れませんね」

このスピーチに、私は心底シビレました!!

言い訳スピーチの失敗で大好き人間に変わる

仮面をかぶって制服を着た人間には心情に訴えるしかない、という意味では、その究極の例が制服警官を相手にしたときの対応。

昔、まだプロレスの実況中継をやっていた頃、会場に向かう途中、スピード違反で白バイにつかまったときのことだ。

「はい、白いカリーナ止まって、左に寄って」

ああマイッたなー、あまり時間がないのになあと焦ってるところへ、

「はい、十六キロオーバー」の非情な通告。

（そんなああ、たった十六キロなら勘弁して下さいよ）と思っても、絶対勘弁してくれないのが警官のプロ意識。それでも、ボクは切符を切られるのがイヤなものだから、つい言い訳をしてしまった。

「あのォ、道が混んでたんで……」

「ジグザグやってたじゃないか、おまえ」

「いえ、その、前のライトバンがですね……」

「言い訳はいい」

と、二人の警官はニベもない態度。そのとき本能的に（あっ、言い訳しちゃいけないんだ）と気がついた。言い訳をしても、よけい向こうを硬化させるだけだ。何か別の、もっとうまい手はないだろうかと考えて、とっさにひらめいたのが実況中継。

「あの、実はボク、プロレスの実況をやっているんですけど……」

するとお巡りは二人して、

「本当か、おまえ」

「オレもプロレスは好きで、よく見てるけどな」

と乗ってきた。しめたと思って、ボクはすかさず、

「本当です。ボクは嘘もつかないし、言い訳もしません。言い訳をする代わりに実況中継をします」

と、得意の実況中継スタイルでがなり出した。

「名もなき一市民、絶対安全ドライバーと謳われていた私は、白山通りを一路巣鴨方向から向かっておりましたが、目の前のライトバンがあまりにもジグザグ運転することに触発されまして、思わず感情に走ってしまったというのは、お巡りさんを前にして実にいけない言い訳なんでありましょうか。しかしながら私は、これから一刻も早く日本武道館に向かいたい、そして視聴者の皆さんに、戦いのロマンを伝えたいという使命に燃えていたわけであります。ここにおわしますお巡りさんとて、制服を脱いでお茶の間に座っているときには、やはりお酒でも飲みながら、プロレスの興奮に酔いしれたいと思うでありましょう。しかしながら警官の制服を着ている以上、間違っても私を許すはずがない。ところがしかし、私を今許さなければ武道館には向かえない。そして茶の間で興奮できないという二重苦の中で、果たしてどういう作戦に出るのでありましょうか!?」

そうやって実況したら、お巡りさんも興奮しちゃって拍手までしながら、

「よーし。あんた許してやる。今度チケットの一枚でも送ってくれ」

はーい、必ずチケット送ります、と言って見逃してもらった。どこの管轄のお巡りさんかもわからないのにチケットの送りようもなかったけど、とにかく助かった。

そのとき初めて気づいたのだが、実況中継というのは、同じ言い訳をしているのに、形の上では自分の行為や言い訳をもう一人の自分が中継しているという、実にいい逃げどころを持っているジャンルなわけで。さんざん言い訳をしたあとでも、

「あっ、これは言い訳なのでありましょうか」

と中継することで、相手は言い訳と感じなくなってしまう。

これはすごく重要なヒントで、ほかにも応用ができるのではないかと考えた。

（オレには実況中継なんてできないよ）という人にも、この中継スタイルの応用は、すぐにでも使える。実際、このボクだって年がら年中、実況中継をしているわけではない。だけど、何回もスピード違反でつかまっている。

そんなときは決まって、中継スタイルの応用バージョンを使う。具体的に言えば、（今から言い訳をします）とちゃんと予告して、（以上が私の言い訳でした）と客観的に締めくくるというもの。

「言い訳は言い訳だろ、ごまかすなよ」と相手に突っこまれる前に、こちらから機先を制して言い訳なんだといち早く伝える。

「すみません、ボクが悪いんです。ですから、これは絶対に言い訳です。本当に言い訳なんです。いいえ、もう言い訳以外の何ものでもない言い訳をします。実は……」

と、さんざん前置きをしてからやっと本題の言い訳に入る。話し終わって、警官に、「そんなこと言ったって、要するに言い訳だろ」と言われる前に、また自分から、「……以上ですが、本当に言い訳です。長々と言い訳をして、すみませんでした」

と、また先にこちらから言う。すると、あんまり何回もこちらから「言い訳です」と繰り返すものだから、向こうも「言い訳だよ、おまえ」とはなかなか言いづらくなってくる。しかも、話の頭だけでなく最後にも「言い訳です」と付け加えることで、本題の言い訳が何となく言い訳でないように聞こえてくる。包装紙に「言い訳です」とあまりにもあけすけに大書されているものだから、逆に中身の商品が違うものに見えてしまうという作戦で、やってみるとこれが意外に素晴らしい成果をあげる。もちろん、相手の錯覚につけこんでいるわけで、本当に言い訳をしているのだからペテンもいいところ。でも、こういうだまくらかし方以外に警官の追及を逃れるのは至難のワザ。しかし、「言い訳です」という言葉を前後に言って、その言葉で本物の言い訳をはさむという〝言い訳のサンドイッチ方式〟を用いつつ殊勝な態度でアピールすると、警官とて人の子、結構見逃してくれるものだ。

これも結局は、〝相手の心情に訴えるテクニック〟に通じていくと思うが、ポイントはやはり、自分のミスや言い訳を、もう一人の自分によって客観的に説明するという、中継法の用い方にあるのだ。

理屈屋ほど奇襲クエスチョンに弱い

だれにでもある青春時代の一時期、ボクもいっぱしにギターなんぞに凝ったりしたことがある。高校時代はまだフォーク・ブームの真っ只中で、不器用なボクも人並みにギターなどつまびいてみようとしたのだ。

生来の不器用と根気のなさからか結局ものにならずに終わってしまったが、何度か楽器店に足を運び、どのギターを買おうか物色した思い出が懐かしい。

そのときに偶然発見したことがあった。店にズラリと並んだギターの列から、ボクはさんざん迷ったあげく、やっと一台のギターに絞りこもうとしていた。店のオヤジさんは、その間もずっと横についてくれて、終始やさしく親切な態度で相談に乗ってくれる、本当に感じのいい人だった。いよいよ（これにします）と言おうとした直前、不意に尿意が襲ってきて、ボクはたまらず店のオヤジの説明をさえぎって、

「トイレどっちですか？」

と聞いた。すると、オヤジの表情がその瞬間ムッと強《こわ》ばり、打って変わった不機嫌な口調で「あっち」と指さした。

ボクはトイレへ向かいつつ、一体何事が起こったんだろう、どうして今まで親切そうに見えたオヤジが怒ったような顔をしたんだろうかと考えた。そして、何となくその店で買うのがイヤになり、その足でボクはもう一軒の店へ行ってみた。その店でも、やはり同じように店員が終始横にくっついて、ギターの説明をしてくれる。若い男で、自分もバンドをやっていて、ギターのことなら何でも聞いてくれというふうな、長髪のアンちゃんだった。よく喋るのだが、いかんせん無表情で、ほとんど笑顔を見せることがない。そこでボクは、今度はわざと相手のタイミングをはずすようなつもりで「トイレはどこです？」と聞いてみた。店員は、一瞬意表をつかれた顔になったが、そのあと急にやさしい笑顔になって、「うん、トイレならあっちだよ。階段のぼって右の奥」と親切に教えてくれたのだ。

ボクはそのとき、無表情な店員のやさしい心を一瞬垣間見たような気分になり、結局その店で初めてのギターを買ったのだった。

それ以来、ボクは相手の本質がどうしてもつかめないとき、この奇襲攻撃をときどき使ってみた。

相手が話に集中して、熱をこめて語り出したとき、わざと出鼻をくじくようなトーンで、「すみません、トイレはどっちでしたっけ？」と質問するのだ。

不思議なもので、もしその人がどんなにやさしそうに見えても損得勘定だけの応対だったら、必ずムッとした表情が出て、口調も「あっちじゃないの」とぞんざいになる。反対に、確固とした情熱の持ち主だったら口調も変わらず笑顔も絶やさないで、「トイレなら、あちらです」と答えてくれる。話が熱を帯びているときに全然脈略のない質問をすると、意表を突かれて相手の表情がのぞくのだ。だから、接待の酒席や素性のわからぬ相手との出逢いにおいて、どうしても相手の本心が知りたい、探りを入れたいと思ったら、この手を使ってみるといい。

そして、トイレに立つ時間を利用して、数分間腕組みをして考えればいい。「あの相手は自分のことを内心どう見ていたのか」「今回の商談に、実際のところ、どの程度の熱意や関心があるのか」、あるいは「自分に対してどうこういう以前に、心底、この仕事に打ちこんでいるのだな」とか、いろんな角度から分析してみて、そのうえで結論を出すことができる。時間にして三秒間ほどの質問が、大きな判断材料を引き出してくれるのだ。

人生は仮面舞踏会、その仮面の下の本心を探るには、このように意表を突くのが一番。相手の予期していない、無防備な角度からの質問が、時には難攻不落の古ダヌキの牙城を切り崩す手段にもなる。また時には、自分のあらぬ疑いを晴らす効果的な解毒剤にもなるのだ。

博識男の上をいく、ぐうたら会話戦法

学生のときから、ボクは非能率的な男だった。新聞を一面読むのにも最低十分はかかる。本を読んでいても、一行ごとに雑多なイメージが数珠《じゅず》つなぎのように連想され、なかなか本文に集中できない。一ページ読むのに三十分以上かかることもざら。

今でも多分にそういう所があって、たとえばかつてマイク・タイソンが東京ドームで負けた試合も、わざとオンエアを見なかった。タイソンは大好きだし、ましてそのタイソンが負けたと知ったら、もう見たくてたまらない。それでも見ないでガマンする。

まずオンエアを見逃すところから、自分だけのドラマを始める。超A級の大魚を逸した気分、そこから入る。

それでオンエア・チェックのVTRを入手して待つ。何日か放置しておいて、ようやく家に持って帰り、さらに二日間待つ。そして、とうとうガマンできなくなって、夜中に見る。ありったけの期待と想いをこめて、もう胸を熱くさせて必死で見る。一回では物足りなくて、それこそむさぼるように何回も見る。KOシーンよりも、そこに行き着くまでの過程を何回もリピートする。特に第二ラウンドのジャブの応酬などは、「ここがすべての始まりだった」と思うから、そこだけ二十何回も見る。スローにしたり静止画面にしたり、あげくは逆回転にしてみたりと、さんざん意味のないことまでやって、ようやく床につく。

その頃もう世間では、タイソンの話題は新しくなくなっている。

斜め読みが得意で能率のいい人であれば、きっと抜け目なくオンエアを見ていて、スマホで試合経過を再確認して、次の日会社で見たと言い合い、「お互いタイムリーだね」とほくそ笑むだろう。商談の前でも、おしゃれな時事ネタということで、

「うーん、昨日のタイソンはねぇ……」

とちゃんと情報を提供し合い、披露し合って儀式は終わり。「さて、お手元の小冊子ですが……」と、それっきりタイソンの話題は出てこない。これでは一体何のためにタイソンが負けたのかわからない、とさえ言いたくなる。

多少の時間のズレなど気にしない。最先端でなくてもいい。ボクなら一カ月ぐらい経ったあと、白熱した仕事の会話の中で、

「いや〜、それは非常に的確なご指摘ですね。ズバッと応える。まるでタイソンが受けた痛恨の右アッパーのようです」

と言う。そういうフレーズの使い方をすることで、あの試合を見るために費やした何時間もの時間、そして自分だけの心の準備に費やした何十時間もの〝時間という名のご先祖様〟の霊を慰められる気がする。非能率なトレーニングの中からしか、一打逆転ウルトラCは生まれてこないのだ。

つき合い下手には、この嘘、ゴマカシ対応術

（正直は美徳、嘘つきは泥棒の始まり）などといわれていながら、大抵の人が嘘をつく。

朝、眠い目をこすって起きて、電車の中で知ってる顔に会ったりすると、

「おはよう、眠そうな顔してるじゃない」

「ううん、そうでもない」

と、本当は眠いのに大丈夫と嘘をつく。

あるいは街中で、嫌いな人と会う。できれば気づかれないようにしようと思っていても、目が合ったとたん、自分から、

「おう、久しぶりじゃないか」

と笑顔で声をかけてしまう。

男と女の会話でも同じで、

「おまえ、泣いてるのか?」

と男が聞くと、女は本当は泣いているのに、

「ううん、目にゴミが入っただけ」あるいは「花粉症なの」なんて具合に、人間は朝から晩まで無意識に嘘をついている。嘘によって虚勢を張って、無意識に演技をしている。OLや女子大生が「かわいい」「かわいい」を連発して、道端を薄汚れた野良犬が通ったりしても、「かわいい」と言って近寄っていくのは目の前の犬がかわいいのではなくて、(こんな汚い、この程度のつまらない野良犬までかわいいと思ってあげられる自分ってかわい

い女でしょ）と必ず背中越しのだれかを意識してる。そうやって自分のかわいさを確認するために、目に入ったものを手当たり次第に「かわいい」と誉めちぎっているのであって、これも演技の一種だと思う。

血のつながった親子とて例外ではない。お父さんはお父さんとしての演技、お母さんはお母さんとしての演技、そして子どもは子どもとしての演技を無意識に行ってる。そういうやりとりを側で観察していると、実に楽しい。たとえば池袋の西武百貨店などで、思春期の娘と母親が、

「浩美、これ買いなさい。このチェックのブルゾン、すごくあなたに似合うから」

「いいのぉ、いいってば」

「買ってあげるって言ってるんだから、何よ、いらっしゃい、浩美、あんたに似合うから」

「いいって言ってんのよぉ」

母親はおせっかいなお母さんの演技、娘は年頃の女の子の演技に、それぞれ必死。これがもっとエスカレートすると……家のリビングで家族三人食事をしていて、高校生の一人娘はブスッとした表情で、ＴＶドラマなんか見ていて、終わると黙ってトントントンって

二階に行ってしまい、お父さんが「おい、どうしたんだ、浩美は」とお母さんに聞いたりして、「最近ずっとあの調子なのよ」なんて会話があって、お父さん大声出して「おい、浩美〜ッ！　ちゃんと最後までご飯食べなさい‼」と呼びかけるのだけど返事がなくて「おい、おまえ、一体、どうしちゃったんだ」「知りませんよ、あなたが毎日帰りが遅いからですよ」なんて夫婦ゲンカになったりして、最後はシビレを切らして階段を上がっていったお父さんが、部屋をノックしながら、

「（コンコン）……浩美、お父さんだ」

「来ないで！」

「どうしたんだ、浩美。全然口きかないで」

「来ないで！　来ないでよ！」

「……そうか。いつも夜遅くてお父さんが悪かった、でもなあ、お父さん、今おまえにココア持ってきたんだ」

なんて家族全員が芝居じみたセリフを吐いたりして。これは本能的な演技とでも言うべきものなのだろうか。

こういう原体験って結構あると思うけど、子どもが「この玩具《おもちゃ》買ってー」と泣きわめい

ても、そんなとき親は絶対に買ってくれない。「この前、買ってやったばかりでしょ、同じようなのを」。ところが同じシチュエーションであっても、子どもが欲しそうな顔をしていながらヤセガマンして黙っていると、親も対応が違ってくる。

「欲しいのか、おまえ」

「ううん、いらない」

そういう言葉を、欲しくてたまらなそうな顔をしながら言うと、親は（なんていい子だろう）と感動して、無理してでも何か買ってやりたくなる。そういうことって、よくあるはず。

「お小遣いやろうか」と言って、子どもに「ううん、いらない。まだポケットに一〇〇円あるから」と答えられたら、親は（なんてけなげでかわいい子だ）となる。これが最初から子どもに「一〇〇円ちょうだい。どうしてもいるんだ」とやられたら、「やる金なんかないよ」と追いはらいたくなるのが、親心というもの。

まれに「いらない」と言ったら「ああ、いらないのね」と冷たく通りすぎるような親に育てられた子どもは、どこかに心の傷が残る。不良になるかも知れない。親が自分の作戦に乗ってきてくれて「買ったげるよ」となったときに、子どもは（ああ、人間って皆いい人なんだな）と安心して素直な子に育つ。子どもは本能的に嘘の演技をして親をだますわけだけれど、増長して嘘ばかりつくイヤな子どもになるのではなく、自分も将来大人になるのだから、こういう人たちと同じようないい大人になろうと思う。そこには嘘が必ずしも悪ではないという不思議なパラドクスがある。

こういうふうに考えていくと、お釈迦様が言った「嘘も方便、時として宝になる」という言葉はすべてを言い当てている気がする。

もうありとあらゆるすれ違いとか相性とか、そんなものがグチャグチャになった人間関係の中で、どうしようもなく出てくる必要悪が「嘘」なのではないかと思う。

とすると、こと手段に関してだけ、テクニックに関してだけは〝今こそサギ師ペテン師の類に学べ〟で、そこには絶対役に立つヒントが転がっている。話術が、心とテクニックの二重構造であるとするなら、心は良識派のままに、テクニックだけはサギ師ペテン師に学ぶつもりで追求しよう。

優しさのもう一つ別の伝え方

ボクが子どもの頃、隣の家にものすごく口の悪いお婆さんが住んでいた。

会う人会う人に毒舌を吐き散らし、訪ねて来る客にもいつもケンもホロロな言葉を投げつける。ボクがたまに遊びに行っても、

「何が面白くて、私のように静かに暮らしてる老人の邪魔をしに来るんだい」

と、無愛想な顔で言う。幼い頃のボクは、気弱で引っこみ思案だったので、もうそれだけで逃げ帰りたくなったものだが、

「ホントにしようがない子だね、ホラお上がり」

と手招きされるとまるで蛇に睨《にら》まれたカエルのようになってしまい、結局いつも気乗りしないまま三十分ほど遊んでいく破目になっていた。

（どうしてまた来ちゃったんだろ。バカだなボクって……）そう思いながらも、隣の家の二階からわが家を見下ろしたりするのが結構楽しかった。恐いお婆さんのことも忘れて、一人遊びに熱中していくボク。多分幼心に、その古い家が好きだったのだと思う。しかし外でお婆さんと出食わしたとき、ことにボクの家の庭先に突然お婆さんが出没したときなどは、恐怖が倍増した。父が車を出そうとすると、なぜかガレージの先にお婆さんが立っている。窓を開けて父が何やら挨拶すると、

「バカなこと言わないでよ、私はただ自分が轢《ひ》かれるのがイヤだから、こうして車を見て

るだけよ。早く出て行きなさいよ、あんた」

と、お婆さんは言った。もちろん、そんなときボクは一言も喋らず、何とかお婆さんに見つからないことだけに気を配った。それでも翌日になると、また隣に押しかけていくボクだった。

ある日、いつものように隣の二階に上がりこんで遊んでいると、珍しく後からお婆さんも上がってきた。見ると、ハアハアと息切れしていて顔色がよくない。ボクは不安で落ち着かなくなり、そそくさと立ち去ろうとした。ところがお婆さんは、飯をつくったから食べていけ、と言う。

あまりの唐突さに一瞬ギョッとしたが、もとより断る勇気などなく、一緒に階下の台所に下りていくことになった。

階段は手すりもなく、しかも急勾配だったので、ボクはお婆さんに手を添えようとした。するとお婆さんは厳しい表情で、

「そんな余計なことしてもらうために、わざわざこの年齢まで生きてきたつもりはないよ」

とニベもない反応だ。ボクはますます戸惑いながら、用意された食卓につく。二人きり

の不思議な空間の中で食事は始まったが、お婆さんの責めるような口調は変わらない。

「カンちがいしないでよ、私はあんたが遊びに来るのが嬉しいわけじゃないんだよ。無理矢理押しかけられて、もの欲しそうな顔されりゃ、ご飯の一回でも出さなきゃと思うでしょ」

思わずボクが箸を休め、緊張した面持ちでお婆さんを見つめると、

「今さら遠慮してどうする気だい。あんたの食べ残しなんて猫にもやれないよ。それともマズくて口にも入らないのかい。言っとくけど、ウチにはあまったご飯なんかないんだよ。本当はあんたにやって来られて迷惑してんだからね」

そう言いながらも、お膳には数種類ものオカズが盛られ、しかも肉ジャガやコロッケなどボクの大好物ばかり。

そのお婆さんが九十何歳かで大往生したとき、ボクは涙が止まらなかった。

今にして思えば、あのお婆さんは温かい本心を毒舌というオブラートでくるみ、親切な行為を得意の憎まれ口で隠すことで、自分の孤独をのぞかれまいとしていたのかも知れない。そんなお婆さんの独特の口調が、時を経るごとに実に洒落《しゃれ》っぽく素敵な話術に感じられてくるのだ。

内気、引っ込み思案なんてどこのどいつだ

小さい頃からいつも暗くて消極的で、引っこみ思案のやつがいる。そんな暗い自分が嫌でたまらないとコンプレックスを持ち続けているが、どうしても明るく人に話しかけたりすることができない。

明るい子どもは開放的だから、ゲームの遊び方も上手になる。ゲームを覚えることでいろいろな人間関係を無意識にマスターし、こういうときにはどんな言葉を喋ったらいいかを肌身で感じ、徐々に社会的適応性をつけていくのだろうけど、暗い子どもにはそれができない。「入れてちょうだい」とたった一言いう勇気すらなく、いつもゲームを側から見ている。

でも、そんな暗いやつこそおしゃべりに恋こがれ、やがておしゃべりを生業《なりわい》としちゃったやつがいる。ほかならぬボク自身がそうだった。

幼稚園の頃から、ボクは暗くてジトッとしていて、スローモーでなよなよしてるガキだった。ボクの実家は北区滝野川という下町の住宅密集地域の中にあった。周囲には小さな家がいっぱい軒を連ねていて、その細い路地裏で子どもが五、六人集まってはよく缶けり

をしていた。ボクも必ずそこにいるのだけれど、暗くて中に入れない。簡単なことなのに、なぜか気後れしてしまって、しゃがんでゲームを見ているだけだった。

そういう自分が情けなくて、嫌でたまらないのだけれど、どうしても参加する勇気がなく、ただ見ているだけの子どもだった。だけど、しまいにはゲームを見るのにも飽きてしまって、気がつくと周囲の情景ばかりを一所懸命見るようになった。

すると不思議なことがわかってくる。昼どきに始まって、昼下がり、そして夕暮れどきになる。やがて、とっぷりと日も暮れて夜が忍び寄ってくると、パッパッパッと各家庭の台所に灯りがつき、曇りガラス越しにお母さんたちが夕食の仕度に入る。

まるで三部作の映画のようだった。自分は一歩も動かずに、ただしゃがんで押し黙っているだけなのに、周囲がめまぐるしく変わっていく。同じ路地裏が、時の流れによってまるっきり別世界になる。インクブルーの空の下に、各家庭の様々な夕飯づくりのセレモニーが展開される。その中の長屋づくりの小さな家が目にとまって、煌々《こうこう》と照らし出される台所の裸電球の光が、曇りガラス越しに流しの上のママレモンのシルエットを映し出していた。

窓にぺたっと張りつくようなママレモンの姿形が、子ども心に実にファンタスティックに見え、面白い形だなぁとわけもなく感動してしまった。

それから二十数年後、蔵前国技館のプロレス中継があり、超満員一万二千六百人の大観衆の前でアントニオ猪木の大試合が行われた。ボクは緊張とプレッシャーの中、心を無にして、とにかく見たままを喋ろうと、

「さあ、猪木がさっそうと入場し、闘魂ガウンを脱ぎ捨てて、いま逞《たくま》しい上半身がテレビライトに照らされた」

と言った瞬間、思わず口をついて出た実況が、

「そう、まさにこれは、私が二十数年前に見た、あの曇りガラス越しのママレモンのシルエットと同じだ!!」

こう言ったら、ほとんどの人に、「おまえ頭おかしいんじゃないか。なんで猪木の上半身とママレモンが同じなんだ」と言われたけれど、十人に一人ぐらいは「わけわからないけど、面白いこと言ってたな」とボクの実況を誉めてくれた。

それがボクの〝古舘流言語パフォーマンス〟のスタートだった。幼年時代のあの日、もし自分が明るく快活な子どもで一緒に缶けりに興じていたなら、あのママレモンの情景を発見することはなかったにちがいない。ゲームにだけ熱中し、それ以外のどうでもいい周

りの情景など多分見落としていたはずだと思う。

性格が暗いと観察眼が鋭くなる。ほかの人間が気にもとめない小さなことにも発見や驚き、こだわりを感じたりする。それはほんのささいな事柄なのだけど自分にとってはかけがえのない原体験のイメージとして蓄積され、いつしかおしゃべりのブイヤベースとなる。自分だけの言葉、オリジナリティーのあるおしゃべりの源となる。

暗くて引っ込み思案のやつは、たとえ今は無口であっても、頭の中はもうだれよりもおしゃべりではち切れそうになっているはず。あとは実際に口を開いて、少しずつ口がほぐれてくるのを待っていれば、やがては間違いなくおしゃべりになる。

もともと明るくておしゃべりなやつというのは、成長するにつれおしゃべりに飽きてしまう。自分のおしゃべり自体がうるさく思え、うるさいのはオレひとりでたくさんだと他人の話にも興味を示さなくなる可能性が無きにしもあらず。

だが、無口なやつにはそれがない。処女と同じでいつか違う自分と出会えるという希望に満ち満ちている。あとは失敗を恐れずに（どうせ黙っていても失敗よりさらにみじめな思いを強いられるのだから）傷ついてもいいから、何度もボロボロになりながら、ただひたすらに口を開き舌を転がす行為だけに専念すればいい。蓄えられてきた豊かな無言は、ある日、ダムが決壊したように流れ出す。そのとき、存分におしゃべりを楽しめばいい。

そして、そのあとに初めて、あえて喋らない努力や、おしゃべりの効果を考える必要性が生まれてくるのだとボクは思うのだ。

おわりに――二〇一六

滑舌、アクセント、イントネーション、間の取り方……喋りの世界には今なお、NHKを頂点とする正しい日本語、王道のアナウンスというものが君臨している。そこからながめられれば、つくづく私は正しさや王道を横目で見ながら、喋りの裏街道、険しく細い言葉の獣道《けものみち》を、時にはふらつきながら歩き続けて来たものだな、と思う。

前述したように本書はアンチ「話し方教室」であり、アンチ「アナウンサー研修」という立場で貫かれている。ゆえに王道を求める読者にとっては、相当間口が狭い造りになっている。

阿川佐和子さんの大ベストセラー『聞く力』が、老若男女、万人向けであるとしたら、私は誰に向かっているのか。

三十代の頃は漠然と、少年時代の私のように暗くて引っ込み思案、言葉というツールで世界を変えたいともがいている若者を想定していたような気がする。そこは今も変わらない。

その上で見えてきたのは、本書は、今、喋りの基礎を学んでいるアナウンサー志望の学生や新人アナウンサー始め、喋りのプロを目指している方にこそ参考にしていただきたい裏マニュアルになっている、ということだ。

最近の若手は頭もいいし、成長も早い。王道の喋りもすぐに身につける器用さも持ち合わせている。

反面で、正しい日本語という鋳型《いがた》にはまって抜け出せない若者をずいぶんと見てきた。勿体ない話である。

私のように言葉の獣道を行けなどとおこがましいことを言う気はサラサラないが、本書が鋳型から脱出するヒントになってくれれば幸いである。

今回、再改訂版を発行するに当たっては、死語的な表現の削除を始め、一部加筆修正を試みた。だが、伝えたい主旨には変更点は無い。

何？　本当はニュース番組の裏側、イイ意味で暴露本を期待していた⁉　その話はイイ意味で御免こうむる。

古舘伊知郎

※本書は一九九〇年に新書判（プレイブックス）、二〇〇二年に新装版として四六判で小社より出版された同タイトルの書籍に、加筆・修正したものです。

青春新書
INTELLIGENCE

こころ涌き立つ「知」の冒険

いまを生きる

〝青春新書〟は昭和三一年に――若い日に常にあなたの心の友として、その糧となり実になる多様な知恵が、生きる指標として勇気と力になり、すぐに役立つ――をモットーに創刊された。

そして昭和三八年、新しい時代の気運の中で、新書〝プレイブックス〟にその役目のバトンを渡した。「人生を自由自在に活動《プレイ》する」のキャッチコピーのもと――すべてのうっ積を吹きとばし、自由闊達な活動力を培養し、勇気と自信を生み出す最も楽しいシリーズ――となった。

いまや、私たちはバブル経済崩壊後の混沌とした価値観のただ中にいる。その価値観は常に未曾有の変貌を見せ、社会は少子高齢化し、地球規模の環境問題等は解決の兆しを見せない。私たちはあらゆる不安と懐疑に対峙している。

本シリーズ〝青春新書インテリジェンス〟はまさに、この時代の欲求によってプレイブックスから分化・刊行された。それは即ち、「心の中に自らの青春の輝きを失わない旺盛な知力、活力への欲求」に他ならない。応えるべきキャッチコピーは「こころ涌き立つ〝知〟の冒険」である。

予測のつかない時代にあって、一人ひとりの足元を照らし出すシリーズでありたいと願う。青春出版社は本年創業五〇周年を迎えた。これはひとえに長年に亘る多くの読者の熱いご支持の賜物である。社員一同深く感謝し、より一層世の中に希望と勇気の明るい光を放つ書籍を出版すべく、鋭意志すものである。

平成一七年

刊行者　小澤源太郎

著者紹介

古舘伊知郎〈ふるたち　いちろう〉

1954年東京都生まれ。立教大学卒業後、77年テレビ朝日にアナウンサーとして入社。以来「ワールドプロレスリング」などの番組を担当。プロレス実況において、その鋭敏な語彙センス、ボルテージの高い過激さで、独特の"古舘節"を確立。84年テレビ朝日を退社し、フリーとなる。2004年4月から2016年3月までの12年間「報道ステーション」のメインキャスターを務めた。

喋《しゃべ》らなければ負《ま》けだよ

青春新書 *INTELLIGENCE*

2016年4月25日　第1刷

著　者　古《ふる》舘《たち》伊《い》知《ち》郎《ろう》

発行者　小澤源太郎

責任編集　株式会社プライム涌光

電話　編集部　03(3203)2850

発行所　東京都新宿区若松町12番1号 〒162-0056　株式会社青春出版社

電話　営業部　03(3207)1916　振替番号　00190-7-98602

印刷・中央精版印刷　製本・ナショナル製本

ISBN978-4-413-04482-0